Ulla Hahn

stille trommeln

Neue Gedichte
aus zwanzig Jahren

Sollte diese Publikation Links auf Webseiten Dritter enthalten, so übernehmen wir für deren Inhalte keine Haftung, da wir uns diese nicht zu eigen machen, sondern lediglich auf deren Stand zum Zeitpunkt der Erstveröffentlichung verweisen.

Penguin Random House Verlagsgruppe FSC® N001967

2. Auflage 2021
Copyright © 2021 by Penguin Verlag
in der Penguin Random House Verlagsgruppe GmbH,
Neumarkter Str. 28, 81673 München

Umschlaggestaltung: Designbüro Lübbeke Naumann Thoben, Köln
Satz: Andrea Mogwitz
Druck und Bindung: Friedrich Pustet, Regensburg
Printed in Germany
ISBN 978-3-328-60147-0

www.penguin-verlag.de

Für KvD

»Alles prüfe der Mensch, sagen die Himmlischen,
 Daß er, kräftig genährt, danken für Alles lern',
  Und verstehe die Freiheit,
   Aufzubrechen, wohin er will.«

Friedrich Hölderlin, »Lebenslauf«

Inhalt

Wenn ein Gedicht erwacht   11

Komm in mein Eigen mein Schweigen   57

Meine Geliebte   die Zeit   73

Gegenlicht   95

Es ist diese Hand   109

Die Welt hört nicht auf zu beginnen   135

Nachwort   173

Anhang
  Anmerkungen (auf Anmerkungen verweist der Asterisk)   190
  Die Autorin und ihr Werk   191
  Verzeichnis der Gedichte   197

Wenn ein Gedicht erwacht

loslassen den stift
fallenlassen die hand ruhen
lassen gelassen

Endlich offen gestanden

14 Dieser dankbare Jubel
                       wenn sie wieder
zu fließen beginnt diese un
endliche Spur aus dem Tinten
kuli – einst un
endliches Tintenfass – dieser un
endliche Jubel der krausen Zeichen
diese unendliche Fülle der
sechsundzwanzig Buchstaben
von einer Zeile zur anderen offen
gestanden

Nichts reimt sich auf
           die Raubzüge der Zeit
Bittere Prosa
ins Gesicht geschrieben
Ja sie kommen zurück
die Verjagten die Eigenwörter
furchtsam wie scheue Katzen
bang wie verjagte Katzen
Ich halte ihnen die Hand hin
ihre Zungen auf meiner Haut
Begnadigung

*Für G. H.**

Ich öffne die Gräber
mit Wörtern und
grabe sie wieder aus mit
der Kernkraft der Liebe

All den Tot
geschwiegenen
denen jedes Nach
wort verweigert wurde
geb ich
        mein Ehrenwort

Ein Gedicht
        unverwechselbar
wie die Wörter die ich mir verdient habe
durch Verschweigen
Weiße leere Räume   Warten können
Zurückweisen können   Ein Wort
ergibt zu viele andere   Ihr sentimentales Flehen
aus dem Staub von Jahrhunderten
Viel Ausschuss zwischen diesem
Packeis aus Nein
und diesem verwünschten unreifen Ja

Das Gedicht
              ein Wesen
                        das den Faden spinnt
den die Nornen halten
und weiterreichen
mit Fingern die das Herz
aller Dinge berühren

Finger die uns brechen
aus der Zwangsjacke Zeit
Finger die den Himmel entrosten
und die Mauer einreißen
zwischen Ding und Wort

Am Schreibtisch

Du steigst am Morgen in den ersten Zug
der dir gefällt   Ein Satz   wie
Licht im Juni so befreiend   Du wickelst dich
in einen Anfang und fängst an   wie
erste Liebe anfängt oder Haarausfall   so
dass du es erst merkst wenn es
zu spät ist vorbei ist aller Anfang
der ICE längst über alle Berge   ohne mich
mich zwischen Anbeginn und Ende
Was ist das   Wessen bin ich   Wo
bin ich   Wer hat mich im
Blick   Wer   Von woher   Wer
schaut wie der Vogel fliegt   Wer wie
ich fliehe   Wer   hebt
die Hand zur Abfahrt   Wer   erwartet
dich   wärst du denn eingestiegen
schriebest du ans Ziel   der letzte
Satz auf deiner letzten Seite
in dieser Tag für Tag zerlegten Ewigkeit

Wenn ein Gedicht erwacht
                            spürest du
kaum einen Hauch
Hände auch
die mit meinen
Zeilen scharf in die
Kurve gehen zwanzig
plus sechs von
vorne und hinten und
mitten drin
von A bis Z
bist
DU
mein letztes liebstes Wort

Wachstumsstörung

Zunehmend kälter bei steigenden Temperaturen
Die Straße führt durch ein Grün das war
noch nie da
Fern dein Haus
In den unteren Schichten des Handgepäcks liegt
der Schlüssel   Du willst ihn nicht finden   Daher
steht die Zeit still der Tod dringt nicht vor aber du
machst nicht einen Schritt aus deiner Kindergeschichte

Dein Vater sagt ihr
hatte noch Öldreck
in den Schwielen
und unter den Fingernägeln
als sie ihm die Hände
kreuzten im Sarg

Deine Mutter sagt ihr
kriegt abends den
Rücken nicht mehr gerade
wenn sie die
letzte Treppe geputzt hat

Du aber sagt ihr
sitzt auf deinem Stuhl
und schreibst Gedichte
Ja sage ich eben drum

Eine kleine Frau

Meine Großmutter roch nach Nelken und Zimt
gab es Spinat nach Muskat
Rosenkränze wuchsen ihr zwischen die Finger
Schwimmhäute zum Himmel   Kirchenglocken
fuhren ihr in die Knochen
wie dem Kriegsgaul die Marschmusik:
Anna Rosenbach zum Gebet   Dienstmädchen bei
                                              besseren
Herrschaften seit ihrem vierzehnten Lebensjahr
ging ihre Seele in Stellung
nur bei den Heerscharen des HERRN: SEINEM
                                                Kommando
folgte sie lebenslang   Fünf Kinder empfangen
unterm Hemd im Dunkeln – Was war schon ein
irdisch Angetrauter gegen einen himmlischen
                                                Bräutigam?
Rote Bäckchen bekam die Großmutter vom vielen
                                                Beten
verhornte Knie und ein kinderweiches Herz
Rund wurde ihr Rücken   Von außen   Sie hängte
die grünweißen Kirchenfahnen zwischen die falschen
Kreuze im Dritten Reich   Das ihre
war nicht von dieser Welt die sie doch liebte
vor allem im Garten hinterm Haus
Gerechte Herrscherin über Obst und Gemüse Kräuter
                                                Tabak

und Johannisbeerlikör ließ sie keinen Bedürftigen
fallen
aus ihrer und SEINER Hand
Als sie starb im August schmolz viel Eis unter ihrem
Sarg
Drin lag sie klein und rosenrot in einer Wiege eben
neugeboren

Titschen

Da bist du ja wieder
              sagt es
Wurde aber auch Zeit   Jetzt
lassen wir aber mal so
richtig die Silben titschen
wie die Steine am Rhein
aus Großvaters Handgelenk
einmal zweimal sieben
mal siebzig mal
wie die Vergebung so
titschen von Vers zu
Vers und lassen
die Sonne im Pappellaub
brizzeln ne Monnemer Melodie

26 Bis hück han isch misch
>dat nit jetraut
en Jedischt in minger Moddersproch
Jo in de dicke Bööscher
do dürfe se Kölsch kalle
de kleene Lück
Un dat Kenk vun nem Prolete
kallt Huhdüksch
op Kölsch

Wetter endlich still
            wie weißes Papier
das sich mit Wolken füllt Wörtern füllt
Blau auf Weiß aus der Luft
gegriffen in die Zeilen gepfiffen
Bergauf und Bergabwärts
Wolken wohin? Wörter worin
liegt euer Bedingen? Nachts
ging ein Klagen über den Fluss aber Heute
der Himmel klar ohne Trauer preis
gegeben offen Rätseln Wundern und Wörtern

28 Auf eine Leiter
              klettern hoch
die nie zu Ende geht
auf einer Sprosse innehalten balancieren
weil das die Höhe ist die für dich wahr ist
die du Erfüllung nennst
Was für ein schöner Tag   Verweile doch
im Absturz ziehst du eine Spur   des Glücks
wie eine Schnecke durch die Gärten
Kunst und Natur in immer neuen Kreuz
Zungen älter als der Rauswurf aus dem Paradies
als der Tragödie Geburt   Alltag
beschreiben einen Alltag
einfach genügsam schlicht
was eine Kunst ist wie die Wunde
die du in dir verschließt
und die doch wächst bis sie dich tötet
Die Wirklichkeit begraben in den Sätzen
Sätze ausgraben aus der Wirklichkeit
Wer glaubt an Auferstehung
Herbei zum Leichenschmaus

Einfach daliegen
                    Wörter sammeln
was mir aufs Papier fällt
zufällt schnörkelt
streckt versteckt verdreckt
träge Schlingen klare
genießbare Dinge Jahresringe duften
übers Papier
Einfach da
          liegen die Dinge
legen sich frei willig zwischen
die Zeilen meilen mailen
lehnen sich weit aus
der reality show

Einfach so

Sich ausstrecken einfach
          so auf den Rücken legen am Abend
lang machen lang ganz lang und
breit   eine weite Zeile breit
Luft holen   tief
Was für ein Tag in
diesem einen einzigen Augenblick
in einem Jahr in
einem Jahrtausend
so viel so wenig
zu begreifen vom
hinlegen aufstehen weitergehen
und wieder
hin
legen
ein
fach
so

Einfach was schreiben
Einfach was?
Einfach was Schönes schreiben
Was Schönes einfach schreiben
Einfach einfach schreiben
Einfach schön schreiben
Schön einfach schreiben
Einfach schreiben
Schreib
Schrei

Aufmachen

Ein ganz leiser Schrei
                    macht sich auf den Weg
in die Stille
Unterwegs trifft er auf eine Silbe
dann auf ein Wort und noch eines
noch eins macht
einen Satz und noch einen
bis der sich endlich traut
dir aus der Seele zu singen
so schön wie du kannst

Wer sagt denn
           dass ein Gedicht über Bäume von
rechts und links
nicht genauso gut
gegen Gewalt von rechts und links
weht
wie ein Gedicht über Gewalt von
rechts und links
unter Bäumen
gegen Gewalt von rechts und links weht
im Gedicht über Bäume

Ein Wort
        gibt dem anderen
das andere Wort
sie geben ein
an der Ruhe da
zwischen zischen
Wörter
        die nachts im
Mondschein lauern
zwitschern am Morgen
twittern im Tau:
Es werde

Durchblick

Traum von einem
              Gedicht
so durch-sichtig so trans-parent
dass du durch es hindurch sehen kannst
und die Welt erkennst
und die Anders-Welt dahinter

Samarkand
          gibt es wirklich selbst
wenn ich nie
weiter gekommen nie näher gekommen
als in seine sieben Buchstaben auf
verzauberndem Notenpapier
Sa mar kand ein Land ein Band
Verband gekannt gescannt
Sa mar   sag mir sing mir Gesang
Samar kandlange Schlangen
Platanen Sagen Schalen lauer
Luft in vagen Winden ver
gangene Augenblicke wieder
finden verlorene Fragen
in die Arme fangen
und verlangen bangen vor der
Antwort   Samarkand

Erntedank

Wer möchte es nicht
               glauben dass das Gute
Schöne und Wahre sich schütteln lässt
wie Pflaumen vom Baum
aufs Blatt ins Gedicht
von einem Hefekuchen
nach Urgroßmutters Rezept
im vollautomatischen Acht-Zeilen-Herd

Warum

Trugbilder redselig wie einst im Mai
und guter Geschmack und ein Zuckerei
in Herzform auf der Zunge

Darum

Den Wörtern wachsen goldene Haar
sie schweben stur und reimewahr
um den alten heiligen heißen Brei

Herum

Im Namen dessen was wir
                       Das Leben nennen
gehört auch die Katze dazu die der Maus
aus dem Kopf springt   der Balkon
der vor Liebeskummer zur schönen Nachbarin
abstürzt   das Krokodil das sich nach
jedem Leichenschmaus die Tränen trocknet
und die Zähne putzt   der Mann
der seiner Frau Ich liebe dich
in die Hose flüstert   die Frau
die ihren Kaugummi zwischen die
schwarzweißen Tasten eines Pianos klebt
dem ein rauschender Flügel entsteigt
(Achtung! Der Flügel versucht Sie
auf seine Seite zu ziehen)
Im Namen dessen was wir
               Das Leben nennen
gehört auch
          Das Schreiben
von dem was wir im Leben niemals fassen
                                Dazu

Tja sowas

40 Flitzt vorbei
             sone Idee wien Fisch und schon wieder
im Algenloch sag ich doch alles sofort
aufschreiben dranbleiben jetzt und hier
den Sprachstein gewetzt den Engel ergetzt
raus aus dem Luftschacht ins
Wörtergetümmel fröhliches Jagen
nach den verlorenen Orten verborgenen Worten
unter all den Spitzenhöschen aus Seiden
chiffon   Bon   Bonbon könnte ich schreiben (oder
lutschen) aber das lass ich bleiben (beides)
Guck weg wenn du das hier liest du Clown
hast hier nichts verloren   Ich hätt
dich geboren? So   dann streich ich dich
Clown wieder aus
Im Gedicht ist der ernsthafte Mensch
zu ⌂
(beim Nikolaus)

Zum Beispiel
(Für einen G. B. Leser)

Meinen Sie Zürich zum Beispiel ...
Hamburg Köln oder Madrid ...
Wohin Sie auch reisen Sie nehmen
Gottfrieds Befindlichkeit mit

Sich am Sein und am Sonntag freuen
(Montags schon nicht mehr   klar?)
Etwas werden Sie immer bereuen
ob in Leer oder Sansibar

Lesen Sie lieber vom alten
Benni nochn Gedicht
Der sagt Ihnen was zu allen
Zeiten immer besticht

Bleib im Lande und nähre
dich redlich   kräftig und üppiglich
So dehnst du ins Weite und Breite
das dich umgrenzende Ich

Liederliche Sonette

42 Dieses Sonett
              ich sags euch gleich
kichert sich eins (oder auch zwei) Hat die
Schnauze gestrichen voll   Denn es soll
sich ja reimen   Will aber

nicht   Kichert und grinst   Linst
um die Ecke von einer Zeile
zur andern wandern die
Steine am Grunde im Grunde

in aller Munde ach Rosamunde
schenk mir dein Kicherding
weil ich schon Feuer fing

mach ich jetzt gleich die nächste
Zeile liederlich ladendicht stört
uns bloß nicht!

Dieses Sonett tappt
                umher
wien Blinder macht
ganz kleine Trip
pel schritt chen

Ich nähms ja gern bei
der Hand über den Zeilen
rand hülf ich ihm
rüber   Da reißt es sich

los und durch
löchert das Netzgeflecht
rennt seiner Norm hinter

und her   Rafft die letzten
Silben zusammen keucht
und verendet   Nochn Sonett

Hab so manches
                  in petto: dieses
sonetto zum Beispiel   Na gut
noch nicht fertig aber bereit breit
zeilig offen für Glut Wut Mut Brut

Freie Auswahl für jede*mann äh
ja auch die Frauen dürfen drauf bauen
dass ich das kann   Wie bitte?
Haben Sie denn kein Vertrauen?

Voilà das erste Terzett
schon parat   Wovon es handelt?
Was? Das sonetto? Sag ich nicht

Musste schon selber rausfinden
Ich soll Sie siezen? Sie könn mich mal (finden auch jaja)
kreuz (und quer)weise unter den Linden
(Au ja!)

Sudoku

Ich denke
        gar nicht
                daran eins
zu sein   mit mir   ich bin min
des tens zwei
und drei
um wieder eins
mit mir zu scheinen meist
kommt dann vier und schleppt
fünf wien Schatten hinter sich her
und ich
brauch sechs um wieder eins
zu scheinen bis sieben
kommt in seinem Schlepptau acht
und ich brauch neun um wieder eins
zu beweisen zehn es nimmt kein
elf und zwölf es nimmt kein nd bis
es dreizehn schlägt mal null

Franz Liszt Harmonies du soir
– Études d'exécution transcendante

Für K. A.

Erkunden was
           möglich ist
am Flügel im Leben beflügeltes Leben
Melodien Rhythmenspitzen
Töne holperndes Gelichter
fensterlose Lichtgesichter
krumm
vornübergeworfen
in hellen Hosen schwarzem Jackett
erweckt er short stories bis in die
Magengrube blitz
artiges Klirren
das du kaum noch erträgst
und erwägst Ton für Ton zu ertauben
oder in lauschigen Lauben in
süßem Most zu verkehren keiner
kann das verwehren wenn
der Finger zehnfingrig abhebt
dein Herz hinauf hochauf
von den Tasten wo hin schwebt
über Landschaften in die
Träume wo Apfelbäume schäumen
im Schneeplüsch rosiger Blüten
behüten möchte ich den am
Flügel in meine Zeilen fügen
gefügig machen   Die Hände
sinken der Kirchturm hat das
letzte Bild

Camille Saint-Saëns, Bourrée op. 135,
nur für linke Hand

Lustig
     aber
nicht sich lustig machen
lustig sein lustig scheinen hinterm
Mond oder davor allein oder im Chor
fuchsschlaues Glasperlenspiel
Maskenspiel
Poker für Götter auf Zeit und
mit der Linken winken
der Rechten
À Dieu

Sprechakt

I.
Dich zu formen aus mir herauszutreiben
mit Brustkorb und Lungen aus voller Kehle
Stimmbänder vibrieren die Stimmritze öffnet sich
jetzt kannst du steigen auf Zunge und Zähne
Mundhöhle und Gaumen den Gaumen des Herzens
die Lippen runden sich lassen dich
Luftblase Lautkörper Silbenball
frei heraus platzen
frei bist du jetzt zu schwellen zu schweben
dich zu zerstreuen mich einzuhüllen in
meine Stimme frei zu vergehn

II.
Hinein und hinaus strömen die Stimmen
gesichtslose Brunst pulsierende Wellen
Lippengewächse im Pulsschlag des Herzens
Wegzeichen Worte lautüberflutet
silbenförmig gezogener Blitz
Einer murmelt   Schreizellen
im stummen Haus spritzt die Stimme auf
Blut Buchstaben Klang Gesang
der Buchstaben über den Wassern
über dem Knochengerüst schreien
sie laut meinen Namen

*Geburt**

Hörst du die
             Stimme wie
sie ihm seinen Weg bahnt
Mühselig rau aus der Quelle
im Kehlkopf
stürzt sich ins Offene das R
aufs helle starke ai
das im Kuss von Zungenspitze und Gaumen
strömt ins unendliche n
Fest der Geburt
des edelsten der Ströme
des freigeborenen Rheins

Traum von
          Namen nackt wie die Dinge die
sie verhüllen   Extrakt
aus den Knospen wilder Rosen
ihr scharlachroter Geschmack
Schreiben rund und kühl wie
Kiesel im Bach hart
wie Kristall so zerbrechlich

Poesie der Grammatik

Zeit rinnt Sand
                rieselt die Zeit
rinnt durch die
leeren Seiten Säle
lediger Buchstaben
wollen Wort halten
Wort finden Sand
rinnender Sand
in die unerschlossenen
Bücher auf endlosen Regalen
Kehr das Stundenglas um

Da liegt es
das stillschweigende Buch
wartend dass ich es
zum Jubeln bringe
Amseln
im Apfelbaum
buchstabenschwarz
zwischen den Blüten
Verheißung
schwarz auf weiß

Die Fliege

Spät in der Nacht
bei Lampenlicht

hörte ich draußen den Regen
und las ein Buch

Auf einer Seite
des offenen Buches

ließ sich eine Fliege nieder
eine einzelne Fliege

warf einen Schatten
aus Einsamkeit

wie Fliegenbeine
dünn gekrümmt

Nun zu zweit
flogen wir ruhig weiter

Traum vom Reisen

Ein Wort vor das
andere setzen   Mit
fünf Broten zwei Fischen
Tausende speisen
Gedichte
reisen von Mund
zu Mund   durch
die Jahrtausende
Sappho entgegen

Das rechte Wort
                man hatte es mir
auf den Weg gegeben
Passwort Losungswort Lösungswort
Erlösungswort
Ich hatte es mir verdienen müssen
Ich machte mich auf

Warum hatte ich Angst?
Warum habe ich Angst?

Jeder Augenblick kann
der rechte sein
für das rechte Wort
Jeder Mensch kann
der rechte sein
jeder Ort überall
der rechte sein
jede Frage kann
die rechte sein
nach dem rechten Wort

Das mir seither
unablässig im Kopf kreist
und bei jeder neuen Frage
mir erzittert unter der Zunge

Lies die Stille
            sie ist die Schrift
deiner Seele
zwischen den Zeilen
in die mitunter
ein Blütenblatt tropft
oder eine
Gaskugel funkelt
alias Stern

Komm in mein Eigen mein Schweigen

Komm in mein Eigen mein Schweigen
Ich leck dir den Lärm aus den Ohren
spiel dir das Lied vom Aufgang im Untergang
vom Tag in der Nacht   Vom Wasser lernen wirs
vom Wasser lichthelle Tropfen   Der
Lärm der Zeit versickert im Fluss

Blick
     aus dem Fenster
Rhododendron Rasen Stein
städtische Reimerein vom
Paradies   Ein Gärtelein mit Rosen hinterm
Kies und Hunde bellen von weither und
durch die Wolken dieser Tage dringt
die Frage   Warum wir uns um Neues
sorgen sollen wo wir doch all die
Jahre durchgestanden überliebt   Vom
Himmel hoch und rot und gelb die
Prozession der Blätter   Die Bäume
starren wie Pastoren hinterher
und würden gerne in die Knie sinken
aufstehen auferstehen mit
fliegen kleine Himmelfahrt
ins All

Wer wäscht das Blut weg? Das Blut
oder wäscht die Geschichte?   Gegen das Meer
zischt der Knall der Jagd   Lass in der
Frage immerdar mich bleiben   denn
allzu rein ist jegliches Entweder-Oder
Wer hat die Stimme
zu richten ohne selbst zu werden
gerichtet?   Vergeben wird dem
der vergibt
Keine Heldin bin ich und komme
lieber mit Sommervögeln Bienen und Blumen
gezeugt von der Erde zusammen
Liebe den sichtbaren mehr
als den unsichtbaren Himmel und das Wort
ist mir Fleisch geworden wohnt auch bei mir
und hat einen Allerweltsnamen   An diesem
Einen hängt meine Liebe   Er tritt meinen Füßen
die Spur   Durch ihn widerfährt mir die Gnade
unfrei zu sein und gefangen   Frei
macht er mich für mich

Warnung

Einer gibt einer
seinen Mund seine Zunge
wandert in ihren Mund hinein und hinaus
im frühen Zwielicht laue Lust
leichthin unter der Decke gehalten
bis
die Frau
ihren Mund ihre Zunge
dazugibt
so
dass
zwei Küsse sich küssen: zwei Tiger
die Fragen nach Liebe und Treue
mit ihren Zähnen beantworten

Atemholen

So
   auf der Seite liegen
Atemfrieden
nach all dem
Beben Bersten Wildern
Atemfliegen
auf Ross- und Rosenhalden
Jetzt
Ausruhn im Atemnetz
mundoffenes Vertrauen
Paaratem Atemholen Herzgespann
Um eine Stunde heller ward der Tag
Und unsere Hände weiß von unberührtem Licht

Vertrauen

Mit den Morgenamseln ruf ich nach dir
diesen lockeren Vögeln mit den
Segelbooten ins Frühlicht getaucht und
der blattlos hängenden Weide
am Ufer ruf ich nach dir
Mit Schilfrohr und Regenpfützen
dem wilden Apfelbaum Eichhörnchen
Krähen- Tauben- und Spatzenzungen
ruf ich nach dir
Mit der karierten Decke auf unserem Tisch
ruf ich nach dir mit der blauen Tasse der
Zuckerdose mit Raffaels Engeln   dem
Stuhl am Fenster der blankgewetzten Lehne
mit Zahnbürste Hausschuhen Handtuch
rufe ich dich aus der Nacht
Vertrau mir   Nichts
wirst du vermissen   Alles
ist wieder da nur
sechsundachtzigtausendvierhundert
Sekunden älter   Vertrau mir
du wirst nichts bemerken
du wirst
nur einen Tag älter als gestern sein
nur einen Tag näher am letzten

Ablauf

Heckenrosen gepflanzt und ins Wachsen
geträumt und gepflegt   Das Gartentor
hinter uns geschlossen hinter
grünüberwachsenen Mauern
selbander gelebt

Immer warst du da und du
hast mich immer gefunden
was durch die Mauern drang
hat uns nur enger gebunden

Keine Glut die zu Asche wurde
nur stilles Feuer und Freuden
Meine Hände in deinen
Abschiedsschimmer Abendrot

Diese Rose

Sonne des Morgens
Sonne des Abends
Sonnenstrahl auf der Rose
in unserem Garten
die du mir zeigst
mit deinem dünner
werdenden Finger

Wenn es
DICH gibt DICH –
der die Sonne des Morgens
die Sonne des Abends
Sonnenstrahl Rose und Garten
die geliebte Hand und
meinen Blick darauf
– erschuf –

Wenn es
DICH gibt DICH –
der die Sonne des Morgens
die Sonne des Abends
Sonnenstrahl Rose und Garten
die geliebte Hand und
meinen Blick darauf
– bewacht –

Lass uns morgen
diese Rose wiederfinden

Dahin

Meine Angst dass
                    du dorthin gehst
von mir davon gehst
wo du hingehen musst
gerufen erwartet
ohne mich einfach
davon   dahin
wohin ich dir folgen muss

Nach dem Abschied

Dein Fernsein begleitet mich
Das Versprechen deiner ganz leisen Stimme
Besser   du redest nicht von Musik   besser

wäre es wirklich zu singen als wären wir
kleine Vögel   ehe Stickerinnen
ihre Stimmen mit feinen Fäden auf Goldgrund
                                              umgarnen

Notensprünge auf himmelfarbenem Atlas
Welch ein Atemholen in diesem Versprechen
Versprechen deiner tonlosen Stimme

Stimme im fernen Fernsein gespiegelt
ihr doppeltes Echo verschossenes Rot fern
meinem Ohr fern dem Gehör aller Menschen

Dieser herrliche Traum
Trakl Traum
als wärs ein Traum
Angst ein Traum
Sehnsucht dies Sausen
des Herzens ein Traum
kleiner Traum kleiner
Finger ein Traum
Halt mir die Hand
mein Leben

Entfernte Stimmen über
lichtverschneiten Straßen
ein Boot das Wasser goldgestreift
und dann und wann verlorener Wellenschlag
Kehr wieder bleib und komm
ein Stimmenschlag es ist
der Mai der Juni Juli längst vorüber
schon früher Herbst im Jahr
im Herzen längst November und was
noch lebt ich geb
es dir verloren

Wem das Stündlein schlägt

Am Tag an dem die Erde
still stand machte ich
dass ich wegkam direkt
durch die Tür vom Andenkenladen
Was nahm ich mit?
Die weiße Seele nach der ersten Beichte
Das Seidenrosenkränzchen
von meiner ersten ganz und gar
heiligen Kommunion
Den ersten Kuss   na klar doch
(aber von wem war der bloß noch)

Achtung   Die letzte Umdrehung   Der Laden
wird sofort geschlossen

Jaja ich beeil mich   Nur noch
das erste Gedicht muss mit
der kleine Bruder und natürlich
der Liebste   Wie? Der ist
schon weg? Ohne mich? Na warte! Wenn
die Erde sich nun doch weiterdreht und ich
dich gleich zu fassen krieg oder
später hoch da droben
siehst du gleich nochn paar Sterne mehr

Hallo rufst du aus den Wolken es gibt
kein Leben nach dem Tod

Von wegen!
Mit dir bin ich längst noch nicht fertig!

Wald

Ein Baum neben dem anderen
Jeder Stamm für sich
Aber
unter der Erde
welch ein Umschmiegen
welch eine verschworene Gesellschaft

Meine Geliebte die Zeit

Manchmal kann ich es einfach
                        nicht glauben dann
frage ich nach dieser U. H.
Was die für ein Mensch ist
wie gut ich sie kenne und
ob sie mir antworten wird
wenn ich sie
nach mir frage
Woher ich komme
Wohin ich gehe
Wie lange noch

Geliebte

76 Meine Geliebte
    die Zeit   Am liebsten
    bin ich mit ihr allein

    Dann fragt man mich
    Bist du nicht einsam
    versucht mich
    sie zu vertreiben sie
    tot zu schlagen oder
    mich zu zerstreuen
    damit sie mich nirgends findet

    Welche Freude die Zeit
    zu der meinen zu machen
    anzunehmen was sie mir gibt

    Die Wege der Wolken
    die Wege meiner Gedanken
    die Wege meiner Hand auf dem Papier
    den Wechsel der Blätter
    von Grün zu Gelb zu Staub
    Eine Haut nach der anderen
    streift sie mir ab

    Die Zeit gibt mir mein Leben
    Was gebe ich ihr zurück

Nein ich will euch
                keine Predigt halten
Doch es ist schwer
es euch leicht zu machen
in diesem Tumult
aus Schönheit und Schrecken
Wahrheit und Lüge
Geschrei und Verstummen
den einen Ton zu treffen
der euch mitnimmt
weiter
als ihr zu folgen bereit seid
aber
Wohin?

Rat und Tat

Anfangen denkst du
                erst einmal anfangen
und dann gar nicht mehr aufhören
mit dem anfangen   Jeden Tag
erst mal anfangen jede Stunde
Minute Sekunde
erst einmal anfangen
Irgendwann spürst du dann
diesen Schmerz in der Magengegend
die guten alten Zeiten fallen dir ein
und wie spät es schon ist
dass der Abend schon in der
Nacht versinkt und du hast ja
noch gar nicht angefangen
anzufangen
(Also knöpf dir die Jacke zu
Ärmel hoch und los gehts)

Totlachen

Genug gelogen? Nie   Im Nacken
sitzt der Tod und kitzelt
die Wörter aus mir raus

dass mir die Augen übergehn
vor Lachen halt ich mir die
Seiten fürn neues Lied

das schreib ich auf ihn
drauf und drüber weg
Mich kann er haben
meine wahren Lügen nie

80 Unheimlich ist
            so ein alt
    gedientes Herz in
    einer alten Brust
    Alt   nicht
    alternd   end und
    gültig alt
    holpernd
    dem Stillstand entgegen

    Ach einmal noch
    es rausschnippen aus
    dem Brustkorb raus
    aus dem Rippengitter
    in die Wiese kicken
    das rote Klümpchen
    runter rollen
    ins Wasser ans
    andere Ufer
    Jungbrunnenblut

Es spüren

Luft die nach nichts riecht
Wind der mich spielt
wie eine Glasharmonika
den vollen Mond wenn
mir die Seele ausläuft

Sätze wie Hände
um meinen Hals   Blicke
die mich zerfetzt
tief in der Erde begraben

Spüren
wie es mich aufspürt

Kontostand

Viele Schulden noch zu bezahlen
Viele Fragen warten auf Antwort
Immer größere Fragen je schneller

die Körperwärme schwindet
die Augenschärfe nachlässt
Lederner schlagen die Herzen

wir stinken nach purem Hunger
auf alles was da noch kommt
und noch nie so herrlich geglänzt hat

je schäbiger dieser seidene Faden
mit dem wir am Leben hängen

Älterwerden
Für J. K.

In der Sonne sitzen   nichts tun
abwarten   sich wärmen lassen
reif werden wie der Apfel im Baum
Der Pflücker wird keinen vergessen

*Dichter im Käfig**
Für Ezra Pound

In meiner ersten Nacht im Krankenhaus träumte ich
von einem Mann der Kniebeugen machte
an einer sonnigen Straße in einem Käfig
Kniebeugen und ruckartige Bewegungen

mit einem Holzstock in der rechten Hand
Degenstöße Golfabschläge ein Hauen und Stechen
ins Leere   Manchmal klirrten die Eisenstäbe
die man vor seiner Ankunft verdoppelt hatte

Ich versuchte ihm ins Gesicht zu sehen
seinen Blick zu fassen   Noch unterm wilden Bart
war ein Lächeln erkennbar   Die Augen lichter
loh im Widerschein entrückter Sterne

Ich streckte die Hand aus durch das Eisen
nach der Hand die den Stock hielt
die andere raffte die lumpige Hose hoch   Gürtel
und Hosenträger fehlten   Keine Schuhe

Der Mann holte seine Augen von weither zurück
Wie hast du mich gefunden?
Ich erschrak   Nicht ich hatte ihn gesucht
Er war doch zu mir gekommen
Aber wie war das möglich?
Er im Käfig   Ich an Schläuchen und Drähten

Lass uns singen   schlug er vor und hob den Stock
wie zum Taktschlag   Ich wagte kein Wort
erst recht keine Note gar eine Melodie   Er aber
sang   Sang von weißen Ochsen Zelten und zipflig
geschlitzten Monden von Feigenholz Pinienzapfen
und Zedern sang von Parden und Basseriden Reblaus
und Reben von Geld und usura Aufklärung und
                                        Sperrgebiet

Schönheit ist schwer   sang der Mann im Käfig
Sang Samenkorn Bücher Goldbarren Waffen
mathematische Musik
Später   der Mond war schon untergegangen
und auch die Plejaden   verschwand er hinter
der spanischen Wand die mein Bett von
dem der sterbenden Nachbarin trennte

Ade du einsamer schwarzer Vogel
so mutig ängstlich wachsam entsetzt
À Dieu

(Ob wir wohl einmal gemeinsam singen?
Dann aber ein Lied vom Menschen)

86   Verletzt verlässt dich der Tag
      sein Licht verlor sich in dir
      floss aus den sehenden Augen
      Schließe sie   Durch die Nacht
      fließt das Licht in den Tag zurück

Wenn das Netz der Fischer leer ist am Abend
füllen sie es mit Ruhe
machen ihr Boot an der Nacht fest
vertäuen es in den Sternen
Später im Schlaf empfängt sie das Meer

Schmetterlingsschlag

Er kommt und
du spürst ein Ziehen
links in der Brust
Er fasst dich
in den Blick und
du fühlst einen
Schwindel leicht
wie einen
Schmetterlingsschlag
Er verweilt und
wirft dir seinen
Brand in die Brust
sekundenlang
stehst du in Flammen
Er nimmt Maß und
geht weiter
Du vergisst und
lebst weiter schwelst
ohne Brand ohne Schwindel
Derweil er
dein Totenhemd näht

Gehen Gehen Gehen

Gehen lernen Lernen gehen Entgegen gehen
der Mutter dem Vater dem Freund dem Liebsten
der Liebe entgegen der Leidenschaft Lust
Nichts geht dir entgegen
Gehen Lernen Entgegen
gehen den Feiern Verlusten dem Schmerz
entgegen immer neu
en Gesichtern entgegen und wieder
den alten entgegen zurück
Dem Tag dem Abend der Nacht entgegen
dem Durst entgegen der Sättigung dem Vergessen
Brotkrumen streuen für den Rückweg
im Gehen Gehen Gehen
dem Ja entgegen dem Nein entgegen
der Erinnerung entgegen dem Gedicht entgegen
der Sonne dem Mond den Sternen entgegen und immer
wieder dem Vers entgegen
jeden Brotkrumen einzeln verzehrend
dem endlichen einzigen letzten Gedicht ent
gegen den Tod

Das Jahr geht
              zu Ende zu
Ende gehen die Eroberungszüge
der Jahrestage Jahresstunden
Sekunden   schnell schreib auf
lauf schreib lauf   die letzte Zeile
du kannst sie nicht
fassen
Gib auf
Lass dich gehen

Nur noch

Blick der mich trifft als stieße er ein Fenster weit
auf   Lichttrauben Landwein übergrüne Bäume
Blut contra Tinte   Räume ohne Zeit
Blick der mich ahnen lässt was ich versäume

auf dem Papier   kahl   schreiend weiß vereist
geklammert an ein Alphabet
erbarmungsloser Zeichen   und keines das beweist
dass ich noch lebe dass noch etwas geht

durch mich hindurch wie dieser Blick
der mir die weiße Wolke aus dem Himmel holt
mir kühl auf meine Stirn legt und zurück
verlockt die Hände auszustrecken bis sie nur

noch begreifen was sie schon verloren
den Blick die Spur

Mitten in Babylon
                    mitternachts traf ich auf ihn
Hörte jemanden weinen nach mir   Mein Engel
Sternenglanz im Sanftmut seiner Flügel   Eine
verborgene Stimme darunter wollte mich zu der
Seinen machen zum Engel   Einen Sack voller Wörter
schüttelte er über mir aus   Lockte mich mit der
stillen Macht der Blumen der Kerzen der goldenen
Sternengefäße   Ich blieb bei ihm als wäre ich
nirgends und überall gefangen und frei

Schau in den Spiegel des Himmels
nicht in den an der Wand
Welke Lippen in alternder Haut müde Augen unter
                                    hängenden Lidern

Schau in den Spiegel des Himmels
wo sich unsichtbar spiegelt dein Bild
hell wie die Sonne hinter dunklen Wolken

Es-Dur

Wir waren Kinder du
am Schilf-Klavier ich
spielte Geige in den
Weidenzweigen das war

ein Neigen Wiegen Kinder
Küsse kriegen ein Kirch
gang in den Kieseln bis
ans andere Ufer der

Kindheit wo wir uns
verloren aus den Augen
dem Sinn in den Verstand

verschwand das Leben
und du mit ihm mein
Es-Dur Kamerad

Spät abends im Garten
                steigt die Vergangenheit
aus der Nacht mit ihren Inseln
der Traurigkeit der Sehnsucht und dem
Verlangen nach der
Fähre Wiederkehr
längst schon versunken
Flüsternder finsterer Wind
zitterndes Kinderherz
unterm frischen Duft
immergrüner Minze
treuem Lorbeer und Buchs

Gegenlicht

Gegenlicht

Wenn ich vom Licht rede
    verschweige ich dann den Schatten?
Wenn ich Fülle schreibe
    leugne ich dann die Leere?
Wenn ich entscheide Für
    meint das nicht auch Gegen?
Lässt wer sagt: Ich liebe allein nur dich
    die Menschheit im Stich?
Das Ganze das Teil und sein Gegenteil
Aufbrechen   Bleiben   Zurückkehren   Fortgehen
Du kannst nicht zwei Lieder gleichzeitig singen
Aber Lachen   Lachen in allen Sprachen

Sterne stehen über Deutschland

Da sind Sterne die klingen wie Mozart und Mercedes
da sind Sterne die singen wie Eichendorff und Asyl
da sind Sterne gefärbt wie Rübenkraut Döner und Cola
da sind Sterne die summen wie Computer
da sind Sterne die rappeln wie Dosenblech
da sind Sterne die riechen nach Gas
da sind Sterne die haben einen schweren Akzent

Da sind Sterne hoch über Deutschland
jede Nacht jeden Tag zwischen Venus und Mars
miteinander verbunden im Malus Paradisi

Ohne Gepäck

Diese mächtige flüchtige Zärtlichkeit
　　　die ich auf Reisen
mitunter empfinde　　Für die
schimmernden Wiesen im Vorüberflug
die bräunlichen Burgen
über struppigen Wäldchen
Hecken aus denen die Krähen stieben
aufs sternenförmig sausende Feld

Für die Kirchturmhähne die ihre
Sehnsucht weithin verkünden
Für die verlassenen Schlote hinter
dem zitternden Pappelstrich
Für jeden Lastkahn stromabwärts
stromauf　　Selbstvergessen
fahre ich über den Kiesel
vom Ufer des Rheins
in meiner Jackentasche
und fühle mich
wie zu Hause

Reisen dahin wo
                    die großen Träume wachsen
Reisen dahin wo
Worte keimen knospen und Licht
sie beleuchtet   Seltsame Energien
branden dort   um die Freude   um die Leere
um Sündenfall und Vergebung
um Liebe und Schmerz
Schreib sie auf deine Reisen schnell
eh sie Feuer fangen und schneller brennen
als die Buchstaben in deinen Augen

Der Mensch ist gut und Gott gott
lob noch mal davongekommen die Zeit
ist lang der Tod ist bang und
macht sich Mut mit Singen

Der Mensch ist brav sein Sündenbock
steht gut im Fleisch in Orden die
Sau ist raus die Wildgans braust
was ist aus uns geworden

Gewiss nicht

102 Die Sonne scheint nicht mehr die Heizung heizt
den Herzen ein die schlagen kling
zack aufeinander los   Die Kneipe glüht
besoffene Zärtlichkeiten wir wollen uns
gewiss nichts Böses tun

Wir gehen unter uns herum zusammen
hanglos und ohne Tränen plaudern
von Liebe Leide mit belesenen Lippen
und mustern uns mit Peitschen
in den Augen

Im Dunkeln

Eine alte Frau in der Ubahn
Sie sprach mit sich selbst
Keiner hörte zu
Sie sprach mit sich selbst
und lachte dazu
Sie sprach mit sich selbst
in der Ubahn
Warum Leute so sprechen
mein Kind willst du wissen
Wenn Menschen allein sind
sprechen sie mit sich selbst
Viele Menschen meinst du
mein Kind waren da in der Ubahn
Wenn Menschen nicht zuhören
sind sie nicht da
Dann muss die alte Frau
immer lachen immer plappern
mit sich selbst
damit sie nicht anfängt
zu weinen
mein Kind so wie du
wenn du Angst hast
im Dunkeln
allein

Nachrichten von Vogelfüßen im Schnee

Engel die ihre Flügel verlieren   wie
Frauen Brüste vom Messer gerichtet
weiße Watte und Wolken Narkose
Auftauchen später aufsteigende Pläne
Prickeln der Hoffnung unter der Zunge
zwischen den Schulterblättern
Narben wo etwas vermisst wird
Nachrichten vom Messer
Wir starren und weinen
Im Schnee ein Wintervogel pickt
nach einem Frühlingslied
Wie amputiert die Luft sich anhört
ohne Gesang

Berührung so
            als prallte reines Licht dir auf die Haut
Augen entsiegelt sonnendurstig berührt
die Erde immer wieder
neu zu erhellen zu umrunden
Unschuldslaut
zukunftsgesprenkelt unvergessene Lieder
so unvergessen wie die Sternenasche in der Luft
Berührung einer Kralle die dir ins Gesicht
ihr Lächeln harkt   Gesänge aus der Gruft
die unter deine halbgeschlossenen Lider kriechen
bis die Berührung dir ins Herz stürzt
menschenfarben und dich zum Umdrehen zwingt
den Tod ins Leben   ein jeder Augenblick
ein ungepflügtes Feld und schon bestellt
dich die Berührung Stück für Stück
                            Zurück

Schnell schneller

Gesucht entdeckt erfunden und zu leicht
die blaue Blume im Gepäck und
Beute machen   Heil dir oh Blume
nach der langen Nacht da gleicht

kein Stern dem andern und kein Kuss
funkt Liebe in die Triebe wenn es schnell
und immer schneller gehen muss verletzte
Atmosphären und der Gaumen blutet

das dritte Auge nass so wie die beiden andern
im letzten Blau das seine Blume sucht
und keine Götter mehr die Stunden anzuhalten
so leicht die Erde für den schweren Spaten

So sich einer im Netz verfangen
                              ist er bestrebt
wieder herauszukommen
Zuvor ersehnte er nichts
als das Netz   Im Moment des Erblühens die Panik
vorm Abgerupftwerden   Zweimal das Gute und der
                              Teufel
hat das Gegenteil gewonnen   Wo hat das Gute
seine Wurzeln   Im Warten darauf   In
einem warmen Backsteinhaus   die
schwarzweißen Fliesen im Sommer so kühl
Es gibt keine sichere Seite   Selbst im Märchen
leben sie nur wenn sie nicht gestorben sind   Sinnlos
die Flucht zu versuchen
nach vorne   nach hinten   Das Ziel
ist immer in Sicht

Jeder Tod
        umschließt die Tode der Erde
Sterbend wirst du verstehen
den Fisch in der stürmischen Nacht ans Ufer geschleudert
den verbrannten Baum das wilde verhungerte Tier
Und den Frieden der Völker
zerstreut im Sand ihrer versunkenen Reiche

Es ist diese Hand

Es ist diese Hand
			die dich am Morgen ergreift
und am Abend nicht loslässt
die dich hält und du weißt nicht wo
von ab   womöglich vom Abgrund
Diese Hand die dich gehen heißt
du weißt nicht wohin
nur weiter   Rundum im Raum
in der Zeit immer weiter voran   Du siehst
die Strecke im Spiegel in deinem Gesicht

Wo gehört sie hin diese Hand
in den Himmel die Labore das Weltall   Diese Hand
die mir die Hand führt mir meine Hand führt
Hand die mich führt als ob
mich meine eigene Hand führt   Du liest
die Strecke in jedem Gedicht

Kleine Unterkunft
oder
Fragen an G.*

Freien Raum brauchen
große umfassende Sachen
Seele zum Beispiel
Wo kommt sie her und
wie ist sie beschaffen?
Wann beginnt eine Seele
und wann hört sie auf?
Dient sie nicht mehr
als einmal und schweift dann
frei zwischen den Sternen?
Oder wechselt sie ständig
den Wohnsitz vom Wurm
bis zur Krone der Schöpfung?
Was wird sie tun
wenn sie aufgehört hat
mit uns zu sein?
Wird sie entkommen
aus der Höhle des Körpers
die Freiheit nutzen?
Und wie?
Eine große geräumige Sache
ist eine Seele
in so kleiner Unterkunft

*G.: Gott Genforscher Gestern Gedicht

Zwei Seelen oder mehr

Abgestumpft   was für ein Wort
Ein Stumpf nur noch unser Mitgefühl Mitleiden
unser Erbarmen bis auf den Stumpf scharfsinnig
abgeschliffen abgenutzt
Und blühte doch dereinst so schön in Kindertagen
wenn Großvater hustete und die Großmutter von den
Heidenkindern erzählte   Die jetzt in Schlauchbooten
verrecken und wir schauen zu und weg

Weben

Weben bis der Finger Gottes den des Adam berührt
Diese Muster aus grünen Blattspitzen
bohren sich aus feuchtem Erdreich und
warm schon die Luft   Vogelruf
im Server Gemecker im roten Faden
ab in die Kladde ins Unreine schreiben

Immer dasselbe Spiel   Die Spieler
Frauen und Männer schön
wie Frühling und Sommer unter
Kirschbäumen und Ulmen umwerben
erobern umweben winden den
Löwenzahnkranz für ihr Haar
Nur nicht aufdecken all das Prunken
mit dem was nicht ist noch
nicht ist die Verheißung der Fülle

Spiel das kein Spiel ist   Wer weiß schon wer
die Fäden in der Hand hält
fest in der Hand hält   hier
eine weggeworfene erloschene Notiz   da
ein Programmheft im Papierkorb
verstorbenes Alphabet zurecht
gefaltet noch einmal
die alte Zeitung   Strom aus
Figuren Wörtern Springer ins Leere

Veränderung

I.
Das Herzzerreißende der letzten warmen Tage
Ein Ahornblatt dazugelernt vielleicht
Die Sonnenhüte wieder im Regal wir
wieder hinter Glas und Gazestreifen im
Norden dünner Lichtschein all die schönen
Toten weiß über weiß der volle Mond
geht in den Birken auf   Wie sehr
vermissen wir schon jetzt Das Unerträgliche
das wir Die Hitze nannten
Rascheln von Schlangen   Herbst blätterig und kalt
Mehr Nacht mehr Lampen mehr Bücher
Bildnisse von Blumen

II.
Die immer schneller wandernden Tage
die immer schwerer greifbare Zeit
Immer größer die Angst vor den Wünschen
die in Erfüllung gegangen sind
die in Erfüllung gehen
Störche Stockflecken am Himmel vergilbtes Papier
Hier sind wir   Noch   Hier   Doch
schon morgen die Blüte zwischen
zwei Buchdeckeln ist nicht mehr die
aus dem Garten

Morgens mittags
       und abends nachts und wieder
von vorn   Frühling Sommer
Herbst und Winter und wieder
von vorn die Morgenschwalben
die Mittagsschwalben das Glas
in der Hand mit Blick aufs Wasser
im Abendlicht nachts von dir
umschlungen endlose Kette
zärtlicher Pflichten
Das greift in einander das wieder
holt sich holt sich wieder
die Zeit die vergangene Zeit
im süßen Taumel der Wieder
Holung Höhlung im Fluss der
Zeit Stau von Gestern
ins Heute vom Morgen ins
kreisende kreiselnde
Jetzt Immerdar
gnädig geborgter Stillstand
von Ewigkeit zu Ewigkeit
Wäre da nicht dieses
Tick Tack   von einer Sekunde
zur letzten
die da trennt
das Ding   vom Wort
von den Augen   den Blick

Was werden wird
                    Ich weiß es nicht
Schwarz verwelkte Veilchen
in nassen Wiesen
weder Regen noch Sonnenschein
Gelbe Blumen quälen sich
in den Beeten
Und noch immer sagt keiner ein Wort
Aber ich höre heißhungrig hin

Märzmorgen
            alles noch ganz
seitig verborgen   Magensonde   Frontverlauf
was mir entgegenfällt über den Zaun
                    in den Tageslauf
Flintenlauf
        mit Nadeln gejagt mit Schläuchen Lasern
mit dem Rücken zum Wald die Grenze
flach als krieche sie auf dem Boden
                 schwarze Lederschuhe
weiße Panik   nebliger Tag
Fieberkurve und wundgelegen die Sonne
eingesunken im Raumbett   Gewebeprobe
Bauchdecke drüber in Biber gehüllt
Hände wie Abschiebung kalt

Wanderlust

Überall blühen jetzt weiße Fingerhüte
und Akeleien in unserem Garten
Schlüpften vom Winde verweht durch
ein paar luftige Türchen

Brachten Wüstenblut mit von draußen
glitzerndes Blinken
Hör ihre wilden Lieder sie wissen
dir zu singen was wird und was war

Pfauenauge
            ausgefranst an den Rändern sein
lebendes Kleid   Dreiäugig pocht er flügel
klappend voran   Die Steine sind warm
Weit faltet er sich auseinander
Sein glückliches Seufzen   Bald wenn
so etwas wie sein Blut nicht mehr fließt
so etwas wie sein Herz nicht mehr schlägt
wird er sich verwandeln zerfasern verwehn
wenn es Zeit ist sein Buch zu schließen
So tief der Schrecken dass die ganze Schönheit
des Lebens aufgewacht in Poesie

Sommer
	sein weites Herz
Licht glüht bei Tag und Nacht

Alle Schleusen stehen offen
die Freude reicht uns

schon bis ans Kinn   Das kleinste
Unglück geht im Duft

der Rosen k.o. Nicht
öfter als zwei drei Mal

schlagen die Pulse in der Minute
da leben wir doppelt so lange

im Überfluss schlüpfen wir
aus den Fängen der schnöden
Vergänglichkeit

reiten auf heiteren Wolken
in den Kern der Frucht
ins Schwarze der Biologie

Wörter im Sommer

jung und frisch und wie neugeboren
waren sie noch als sie morgens
über den Himmel plapperten und
übers Wetter für Schwalben

gabs noch keine rote Karte
nichts als Geburtsanzeigen
in Beeten Spielfeldern Bibliotheken
vogelfußförmig gedruckt die

neuesten Gedichte auf gekräuseltem
Nelkenpapier Luftgesänge
Krähengelächter – fern noch ferner
könntest du Schüsse hören flüchtende Füße
von nackten mageren Menschen

Ende des Sommers

Wörter aufgeblüht
            in Duft und Kraft
Staub und Tau   Spinnen flitzten
in stillen Nächten ihre fiebrigen Netze
Grillen feilten die grünen Gräser zu Heu
Mal erzählten die Bienen mir was vom
Innenleben der Rosen
Mal schenkten mir Schmetterlinge
ein paar Flügelschläge von
Inger aus Dänemark
Später prasselte warmer Regen mir
in die Zeilen und im Garten
begannen verblichene Lilien
noch einmal zu blühen   O dieser
auferstandene Duft
in den leichten Atem der Bäume

124 Grau war der Sommer
und wir ersehnten
Regen   in Tropfen in Massen
maßlosen Streichen vom Himmel herab

Als er dann endlich fiel
in die ächzenden Kiefern
das lechzende Gras mit
Donnerschlag wie Domglockenklang
hob ein Singen an leicht
hin über Berg und Tal
blühten die Lilien
Auferstehung

Das muss der Herbst sein   Vogelwolken
erblindendes Licht will noch halten
was bald zur Ruh muss wieder
warten muss auf Leben
dies allzu leicht und lösliche Gewebe

Oktober

Hochrufe in der Luft
                    Licht für Contrabass
                  und großes Orchester
vom Blatt gespielt von Baum zu Baum

Die weichen Hände des Sommers
magern ab auf die Knochen
um deinen Hals drücken zu drücken zu

Schwindelfrei schlüpfen die Wörter dir von der Zunge
balancieren über den Abgrund   Darunter
schießt der Sinn ins Tal

Lautlos singt der Tod   Alle hören ihm zu

So schwer die Last
der wachsenden Tage   Schnei Schnee
in die Schluchten füll sie
mit deinem Trug   Schnei Schnee
auf Steine und Dornen Schutt und Blut
Schnee so weiß wie ein Tag ohne Schuld
so täuschend so schön so unmöglich

stiller schnee
                stille trommeln
stille silben stille
ferne sternbilder leer
steht der apfelbaum
das vogelhaus leer
die blattlose birke
in den wiesen
verstummt
das freche zwitschern
der spatzen
erregte zeichen in den
datenbanken

Das ist der Winter   Singt
seine unsichtbaren Pläne von dem
was bald schon auferstehen muss   Leben
grundlos und fraglos   Knospen im Mund

Montauk

Zeilen aus dem Kopf eines toten Dichters
wie die Beine am Skelett eines Lobsters
das der Wind am Strand entlangtreibt
Sein Klappern auf dem steifgefrorenen Sand
ist nicht zu hören   Nur
die gewaltige Brandung des zischenden Schaums
in der Frostluft   grober Klang
eines verborgenen Sinns
hinter den Schalen und Hülsen
die in der eisigen Sonne verrotten

Nikolausabend

Zugefroren
wie der breite Fluss
in den Wiesen
ist der Himmel

Kühne Vögel stolzieren
darüberhin picken
zwischen den Wolken
nach Schneekorn

Goldrote Spuren
Schlittenkufen
nehmen Kurs auf
unsere leuchtenden Fenster

Und wir stellen dem Schlaf
unsere Schuh vors Bett
und hoffen am Morgen
zu finden das Unverhoffte

Stille Nacht

Noch schläft er
der unerhörte Revolutionär
mit dem hörenden Herzen
Die kleinen Finger
zu Fäusten geballt

Diese stille Nacht
Nur Seufzen höre ich
der geringsten meiner
Brüder und Schwestern

Am Morgenhimmel
geballtes Rot
Nelke in einer Faust
Darüber
dieses unberührte Blau
vom Mantel der Frau
an der Krippe

Winter ade

Zeit
    unsere Herzen gründlich zu entrümpeln:
All die ausgedörrten Küsse aufn Haufen
Namen dazu die man nicht mehr braucht
hart gewordene Lieben ungenießbar
Hast du nochn Apfel
beiß rein
spuck die Kerne raus
machn Bäumchen draus

Gezeiten

Wenn der Mond das Meer
aus der Tiefe zieht und
die Erinnerungen
wird die Seele
schwer und du sinkst
in das schlammige Strombett
dessen was du verlorst

Sei ruhig   warte
bis der Mond das Meer
wieder entlässt und die Seele
leicht wird und steigt
in das Licht all dessen
was dir geblieben
und bleibt
und
dann
und
    wann

Die Welt hört nicht auf zu beginnen

Unser blauer Planet
>	Ein Nichts im fliegenden All?
Kein Anfang   nur ein Ende?
Keine Antwort im Wissen?
>	Wo ist der Weg geblieben?

Eine etwas andere Schöpfungsgeschichte

Am siebten Tage
ruhte Gott
doch
IHM wurde langweilig
und
ER erschuf den Dichter
dER flugs erschuf
den achten Tag
und
seither unablässig
sich bemüht
die Welt zu voll
enden ➜ Wort für Wort ➜

Drei Verrückte

Astronomen
        und Dichter:
zwei Verrückte hinter
der Unendlichkeit her
dem Großen Unbekannten
auf der Spur
der hinter Milliarden von
Sternbildern kauert
kichert
wie in einem
Bilderrätsel Silbenrätsel Zahlenspiel
mit allen Wunder
wassern gewaschen

Gnädig lässt DER
ein paar Silben fallen
Manchmal
in des Dichters
weiches Herz
Manchmal
ein paar Zahlen und Figuren
in des Astronomen
hartes Hirn
Worauf die beiden
zu lallen beginnen
als hätte sie das
Zauberwort getroffen

dichte heiße punkte oder
Unsere einzige Geschichte

Im Anfang war
          der   .
klein dicht heiß
          der   .
war überall und
nirgends
außer ihm
war Nichts   Kein
Innerhalb kein
Außerhalb   Kein
Halbes und kein Ganzes
Dann
      begann
der . ➔
. . •
sich auszudehnen
und Anfang nahm
die Zeit ──────➔
Vorwärts ➔➔
Urknall Sterne Planeten
zahllose Galaxien ➔
in unsere einzige Geschichte:
➔ Unsere

Milchstraße in
              hohem Bogen
Sonne mit Flecken und Stürmen
Vulkane der Venus
beringter Saturn
unser blauer Planet ➜ ➜➜

Unser zarter Globus
                      eine kleine Prise Materie
unreines unewiges Licht
Strahlen Protonen Körpergewicht
Messfelder und Kosmonauten
Gaswolken Milchstraße Anziehungskraft
Gas verdichtete Sterne
strahlen im All Energie zur Welt
die Leben erschafft
und erhält unsern
Fensterplatz an der Sonne
mit dem Rücken zur Fahrtrichtung

Lesart

Jeder Tag blättert
                eine neue Seite auf
im Stundenbuch der Natur
Du brauchst nur
ihre Psalmen zu lesen

Sterne Berge
die Wolken die See
mein Herz oder deines
Rhythmus oder Algorithmus
Gen oder Seele
Alphabet oder Elementarteilchen
Hölderlin oder $E=mc^2$

Deine Lesart
kannst du wählen
Wissenschaft⟷Dichtung
Wir bewohnen *ein* Universum

Irgendwann
wird das Wissen des Alls
zum All-Wissen im
Namen von Logos und Liebe

Zungen im All

Der Mond ist
           nicht auf Abschlüsse aus
Er ist gewohnt an Teilzeitarbeit
an das Vorrecht von Abwesenheit
home office
Halbheiten Stückwerk
Gern verbirgt er seinen Mangel
hinter einem schwarzen Schleier
oder wunderlichen Wolken
unstete Vollendung
unschlüssige Formate

Abgründige Geheimnisse
die stoische Mathematiker
tüchtige Magier
träumende Kinder
entrückte Poeten
seit Menschengedenken
in eigenartigen Mitternachtsformeln enthüllen

Die schwarze golden
durchsternte Unendlichkeit
macht vor dem Herzen halt
Sonne Mond und Sterne
Mars Venus Pegasus
and friends
halten die Kammern all besetzt

mit ihrem vertrauten Anblick
spenden sie unseren Herzen
uralten not wendigen Trost
Und wir träumen weiter   wandeln
mit dem Mond zwischen Wasser und Wind
singen zum schimmernden Abendstern
über Pinien Linden Palmen Pistazien
Sperber-Brotnuss-Flussmandelbaum

Schaffen mit Worten in allen Sprachen
der Welt einen Raum   unseren Weltenraum
Worte die der Verstand uns eingibt
Worte die das Herz uns freigibt
Worte schwebend schwerelos
Zungen im All
ohne Anfang ohne Ende
Frei
Weltenraum von der Seele geschaffen
Seelenraum
auf dass das Wort selbst der Raum selbst sei

Damit er sich öffne für alle die
diesen Weltenraum aus Zahlen und Figuren
nicht begreifen ergreifen fassen erfassen
können wie einen Apfel diesseits von Eden

146 Hart zu kauen
            die Früchte vom Baum
der Erkenntnis

Doch liegst du
            in seinem Schatten
so viel Frieden und süße Ruh
im Genuss der Sehnsucht
nach seinen Blüten dem Duft

Heute Abend

Erde dein strahlendes Schweigen
in deiner Stimme die Freude
die das Dunkel durchbricht
hochgemut singend
hochfallender Regen auffahrender Nebel

Von dir Erde wehen die Winde zum Meer
und vom Meer zurück zur Sonne
bei verfinstertem Mond heute Abend
alle Fragezeichen gefangen
in ihrem eigenen Punktum

Schnell
      schnell wie das Licht
Panik und Gerüchte in
social media millionenfach
verteiltes elektronisches
Schlachtfeld größer als je zuvor
schneller
als wir Menschen
zusammen
Asche von toten Sternen
atomarer Abfall des Treibstoffs
der die Sterne glänzen lässt
in diesem einen unserem
zeitstrahlenden Augen Blick

Ansichtssache

Siehst du sagst du
bald hat sich die Erde
wieder einmal um die Sonne gedreht
wie seit 12 Milliarden Jahren

Ich zucke die Achseln
Siehst du sag ich
Was für ein herrlicher Sonnenuntergang!

150 Schnell
schneller
wie lange noch
so
wie jetzt
So? Wie? Jetzt?
Oder
wie: gestern
Oder→wie→morgen
Wie lange noch
Wie? Lange noch
Wie lange? Noch
Noch? Noch lange
Schnell schneller
Wie schnell→noch schneller→
→noch lange→noch
→

Gloria Dei*

Die gefräßigen Rosen der Astrophysik
Ob sie es schaffen unseren Duft
aus den Bauerngärten
in ihren Formeln verenden zu lassen?

Versöhnung

Gebt euch die Hand ihr
          Definitionen Formeln
Algorithmen Strukturen
streckt sie aus zu den tausend
          und abertausend Namen
aus diesem Einzigen Mund
für den Einzigen Kuss
bis eure Kerne zu kreisen beginnen
um
Eins in Allem

Geweckt vom Vogelsang
                    zurücksinken in die
warme weiche Stille
kühler leichter Traum wie
eine kühle leichte Hand auf der Stirn

In der Ferne
            verschwimmen die Farben
steigen auf von der Erde zum Firmament
Der Wissenschaft unerreichbar
gleichgültig dem Verstand
offenbart allein dem Herzen

Beherzigung

Ein Herz das
          achthat und empfängt
empfängt und weitergibt
weiter- und achtgibt
gibt und selig ist
seliger als
geben
und gegeben wird
in Ewigkeit   Aber
jetzt

Reinbeißen
          in den Apfel
vom Baum der
unbefleckten Erkenntnis
es knirschen hören
ein Menschheitsleben lang

Augapfels Rundgesang

Die runde Erde ist
rund rund
wie dein runder Kopf
rund wie
der runde Apfel vom
Baum der Erkenntnis
Flower of Kent*
vom leichten Lüftchen gelöst
angezogen vom
runden Kopf
auf runder Erde
Newtons rundem Kopf
Rundes auf Rundes
rund wie der halbe Mond
um die runde Erde rund
wie die Erde rund
um die runde Sonne
rundherum

Glückliches Leben

Glücklicherweise ist da ein Meer
   für jeden von uns in uns
Glücklicherweise kannst du
   dich in dem Wasser behaupten
Glücklicherweise spülen die eisigen
   Wellen alle Falschheit hinweg
Glücklicherweise wirst du so immer
   und immer wieder gesäubert
Glücklicherweise gibt es die gleiche
   Reinheit für jeden von uns
Glückliches Leben

Rapport aus dem Weltraum

Ich lebe in Bäumen haushohen Sträußen grün
weißer Kastanien nie dagewesener Vogelsang
im vergänglichen duftenden grün weißen Licht
Kastanienlicht wenn die ausgebreitete Liebe
vorbeizieht im Fluss vor meinem Fenster alle
Teile des uralten Puzzles
für Sekunden ein trauliches Kinderbild   Nichts
was einem himmlischen CEO zu tun bliebe   Jetzt

Gegen den Sturm

Wissen wir doch
 dass wir einen Menschen
nicht einfach wegwerfen können wie einen Zweck
den wir nicht mehr brauchen   Andererseits

Nichts quittiert   keine Rechnung offen   Gedankenlos
lässt die Calendula ihre Samen fallen   Wie schnell
wir all diese Namen vergessen die uns den
Sommer erschufen   alles liegt flach vor dem

Sinn einer jeden Geburt   die Wollust des Taufens
Wie schwach der Abendglanz   Es ist kein Bleiben hier
Ich weiß das alles   Jetzt sing
gegen den Sturm im Namen der Dinge   Gib Preis

lobpreis was du weißt von ihrem Geheimnis   Umarme
die Illusion   Den Schleier
nimm aus Wörtern   Nichts zwischen Wort und Ding
als bräutliches Verweigern

Morgenlied

Keine Ideen keine Gedanken keine
Philosophie   Aber
Berührungen Töne Sehen und Riechen
und die Zunge die schmeckt
Zwei Arme Beine   Das Herz an Ort und Stelle
(am rechten Fleck)
Schau hinauf   Da ist der weite Himmel
Schau hinab   Das ist der Boden der trägt
Und berühren   Und die Zunge die schmeckt

Freundlich sein

Immer ist da der rechte Ort und die rechte Zeit
wo Menschen leben die das Wort an dich richten so
dass es die Schwingen auftut und Freundlichkeit fällt
                                                                herab

wie nach langer Dürre ein Regen und dein Herz
wieder fest wird und weich und Wörter stellen
sich ein die sehen einander in die Augen

umarmen dich liebkosen dich nehmen dich mit
auf Reisen ohne Ziel ohne Zweck ohne Absicht
Grasharfenmitternachtsmelodie

Diese Freiheit
        einfach am Abend
den Tee den Wein das Bier
trinken oder stehenlassen
bleiben oder weitertreiben
Natur begießen
Kunst genießen
oder beides
oder keines
Einfach Da sein
Der Die Das sein
oder So sein
oder Anders
Weltoffen Klause
fremde Formen
alte Normen
zu Hause   im All
Schmerzen und Wonnen
rote Sonnen
Die Krähen schrein

Zusammen Weiter Kommen

162 Was wir nicht haben
        empfangen wir
was wir empfangen
        können wir geben

Der Regen gibt seine Nässe
        der Erde
die Erde gibt dem Regen
        ihre Trockenheit

Die Quelle gibt
        dem Bach ihr Wasser
Der Bach ergibt sich
        dem Flussbett

Was du nicht hast
        kann ich dir geben
Was du schon hattest
        gibst du mir

Du gabst mir was
        ich nicht hatte
Ich gab dir
        was ich zu geben hatte

Ich geb dir die Stille
        du gibst mir den Klang
Zusammen machen wir daraus Musik

Du gibst mir Blau
        ich geb dir Gelb
Zusammen ergeben wir Grün

Ich säe die Sonne
        du säst den Regen
wir ernten zusammen den Regenbogen

Zusammen
        machen wir
aus den Unterschieden
etwas Neues Größeres ➔
➔ weiter ➔

Die Erde rief
    Pass auf
Ich hörte es
    zufällig
eines Morgens
beim Joggen im Park
als ich über
einen dürren Ast stolperte
    zufällig
aufsah in die kahle Birke
mit der einzigen Elster
    Pass auf
rief die Erde
Seitdem liegt sie
mir in den Ohren
im einsilbigen Schrei
der Spatzen im
hitzegekrümmten Gebüsch
in den verzogenen Bögen
der Möwen im Anflug
auf trockene Bachbett
    Pass auf
    Steh auf
ruft die Erde
    Denk an mich
    Denk an dich

Freuen

                sich einfach freuen
so ein unschuldiger Entschluss

und das Pathos der Hoffnung
Und die Augen zu sehen

Tageslicht Zwielicht
rotgestreifte Bänder am Himmel

Prozessionen golden und blau
Untergänge   Übergänge

Wenn wir wirklich sind
lasst uns hier sein und jetzt

Lobpreis

Loben will ich
Preisen will ich
Jetzt Heute Morgen
Immerdar
Preisen will ich die Sonne
Preisen ihre Strahlen
mit denen sie mich umhüllt
von Kopf bis Fuß
Preisen den Fuß
den ich vorwärts setze
auf dieser Erde
Preisen mein Augenlicht
das mir den Weg weist
an den ich glaube
Preisen das Lachen
Loben das Lachen
Lächeln Kopfnicken
das mir Mut macht
Vertrauen schenkt
Lobpreisen die Träume
von gestern heute und morgen
Loben mein Herz
das meine Träume behaust
Loben meine Stimme
mein Da sein Da bei sein
Loben loben zu können
Loben im endlosen Chor

aller die mit mir
Preisen den Preis
Loben das Loben
Lobpreisen das Leben

Schau genau hin
                Glücklichsein ist da drin
Im Butterbrot auf dem Tisch
der Kaffeekanne daneben
dem Teelöffel im Marmeladenglas

Im Buch mit dem Lesezeichen
beim Fenster flirrend im Sonnenlicht
im Blütenblatt das von der Rose fällt
im Flüstern von Tau und Insekten
in den lichtdurchtränkten Wiesen

Im fordernden Blick des Forschers
über Tabellen und Mikroskop
seinem Menschenbild auf der Spur
im flügellosen Flug

Im traumseligen Schlaf eines Paars
im sommerwarmen Bett unterm Trompetenbaum

Im Wort das mir zufliegt
nach langem leidenschaftlichen Verlangen
dem Wort das Alles mit Allem verbindet

Hör genau hin   Glücklichsein ist da drin

Du musst das Glück
                 in deinen Armen wiegen
bis es einschläft   wohlig zudecken
                              und dich leise
hinaus schleichen hinein
ins stille Zimmer nebenan
bis es aufwacht und
nach dir sucht

*Bitten an Abel**

Ergreif des Bruders Handgelenk
Zwing ihm die Faust auf
Wirf den Stein für alle Zeit ins Meer
Leg deine Hand in seine
Lass deinen Bruder Kain
Zu deinem Hüter werden
Bleibe du der seine

Ich danke dir
            Gott Adonai Buddha Allah
für diesen höchst erstaunlichen Tag
Für die springenden grünen Geister
der Bäume und den wahren blauen Traum
des Himmels und für alles
was natürlich unendlich und

Ja ist   Und das ist der
Geburtstag der Sonne
des Lebens und der Liebe und der Lieder
Die Welt hört nicht auf zu beginnen

Nachwort

Viele der hier versammelten Gedichte schrieb ich während der Arbeit an meinen vier autobiografisch gefärbten Romanen, beginnend in den 1990er Jahren mit *Das verborgene Wort* (2001), gefolgt von *Aufbruch* (2009), *Spiel der Zeit* (2014) und *Wir werden erwartet* (2017).

Doch was heißt das – »… schrieb ich …«? Seit Jahrzehnten schreibe ich Tagebuch, und in diesen Tagebüchern – meist Notizen zu Eindrücken von Menschen, Büchern, Landschaften, Anmerkungen zum Schreiben – fand ich, als ich die Hefte nach Abschluss der Tetralogie durchblätterte, immer wieder auch Zeilen, Absätze, Seiten, in denen sich die Wörter, die Sätze ihr eigenes Recht verschafften. Sie fanden zurück zur Quelle, in Phantasie und Poesie. Immer wieder gingen die Notizen unvermittelt, ja, absichtslos, in poetisches Sprechen über. In Gedichte. Zum Atemholen.

Die Arbeit an diesen Romanen war eine von realer Gegenwart ständig unterbrochene Zeitreise in meine Vergangenheit. Ich durchforschte die Jahrzehnte meiner Kindheit und Jugend: Wer bin ich? Woher komme ich? Was sind meine Wurzeln? Wie bin ich zu der geworden, die ich heute bin? Ich setzte die damalige Welt in Beziehung zu mir. Was auch immer ich in diesen zwanzig Jahren schrieb: Es drehte sich um mein Alter Ego, meine Romanfigur, um Hilla Palm. Jeden Morgen am Schreibtisch – und nicht nur da – musste ich zurück. Vorwärts
➔ zurück. Das vergangene Leben aus der Gruft holen,

aus der Luft greifen. Ich war beim Schreiben immer gleichzeitig beides: jung und alt. Unerfahren und erfahren. Ich und Nicht-Ich.

Er-Innern. Ins Innerste holen. Erinnerung, die mit Verlangen gemischt ist, mit Hoffen, Sehnen. Gibt es eine Sehnsucht ohne Erinnerung? Wenn die Erinnerung die Sehnsucht überwuchert, zudeckt, heißt das Alter. Schreiben: eine Gratwanderung zwischen dem Erinnern an das, was war, und Sehnen, nach dem, was (noch) nicht ist. Eine Geste zwischen Festhalten und Ergreifen, loslassen in die Wörter und in den Wörtern wieder festhalten. Die Bewegung eines Pantomimen, der Gehen geht, Laufen läuft, Schlaf schläft → Schreiben schreibt.

Erinnerungen kann man nicht erzwingen, so wenig wie Wörter in ein Gedicht. Man muss warten können, bereit sein, offen sein für den Ein-Fall. Für Kairos, den Gott des glücklichen Augenblicks.

Oft nur schmerzhaft konnte ich meine persönlichen Erfahrungen heraufbeschwören; und ich wollte sie auch in die gesellschaftlichen Zusammenhänge stellen. Ich recherchierte. Die historischen Fakten sollten stimmen. So musste Pegasus, das geflügelte Pferd der Dichter, immer wieder vor den Pflug: Wann genau war Willy Brandt bei seinem Wahlkampf 1972 in Köln? Ab wann gab es einen Rollenkoffer? Wie werden die Fenster eines 2CV bewegt? Keine Lesung aus *Spiel der Zeit*, ohne dass jemand bei »Ich kurbelte das Fenster hinunter«

unter fröhlich-angeregtem Nicken des Publikums nicht »Klappfenster« gerufen hätte! Ich habe nach dem ersten Mal dann stets darauf gewartet – und bin auch nie enttäuscht worden.

Beklemmend war vor allem die Arbeit am zweiten Band *Aufbruch*, den ich lange vor mir hergeschoben hatte (zwischen *Das verborgene Wort* und *Aufbruch* liegen acht Jahre). In diesem Roman musste eine Vergewaltigung zur Sprache gebracht werden. Was Wunder, wenn mir verrückte Gedichte, etwa ein paar li(e)derliche Sonette, immer wieder Luft verschafften. Mit *Aufbruch* hatte ich mir buchstäblich eine Last von der Seele geschrieben. »Etwas von der Seele schreiben«: eine Metapher für einen Vorgang, die eine wahrhaft heilsame Wirkung garantiert. Den Ballast der Vergangenheit in Proviant umwandeln, habe ich das einmal formuliert.

Im nächsten Band, *Spiel der Zeit*, spiegeln verspielte Gedichte die Gefühle junger übermütiger Liebe zwischen Hilla und ihrem Freund, atmen die Gedichte in meinen Heften den heiteren, bisweilen mutwilligen Geist der Aufbruchstimmung der 68er Jahre: Alles schien möglich. Zudem gingen persönliche und gesellschaftliche Geschichte immer stärker ineinander über. Gedichte werden nun gelegentlich auch zu kritischen zeitgeschichtlichen Kommentaren, etwa das Gedicht »Stille Nacht«, angeregt durch das Kapitel zum Essener Katholikentag; oder das Widmungsgedicht für die

Lehrerin Gretel Höfer, stellvertretend für die vielen namenlosen Kämpferinnen und Kämpfer gegen den Nationalsozialismus. Auch die reale Gegenwart wurde bedrängender, drängte ins Wort: Klimawandel, Migration, Künstliche Intelligenz zeichnen Spuren in einigen der hier versammelten Gedichte.

Dann aber spielt im letzten Band der Tetralogie, *Wir werden erwartet*, der Tod des geliebten Freundes meiner Protagonistin eine große Rolle. Gedichte aus dieser Periode umkreisen die Themen Tod, Vergänglichkeit, Liebe: zärtlich, melancholisch, Trost suchend in der Erinnerung – und im Wort. Und einige meiner Gedichte finden, wie zuvor in *Spiel der Zeit*, auch Eingang in den Roman. Gedichte mit ganz eigener Geschichte. Denn während ich für diesen Band Unterlagen aus den 1970er Jahren zusammensuchte, machte ich im Keller meines Bruders eine wundersame Entdeckung: Ich fand dort auf Matrizen gedruckte von mir verfasste politische Texte aus den frühen 1970ern, in denen ich Mietpreiswucher und Bodenspekulation anprangerte oder mich für einen Sandkasten in der Hamburger Kegelhofstraße einsetzte. Alles im Kampf für das »große Ganze«: »Gegen Großkapital, für Frieden, demokratischen Fortschritt und Sozialismus«. Was aber stand da auf der Rückseite? Gedichte, mal eben mit Kuli hingekritzelt. Einige dieser Gedichte habe ich in diesen Band aufgenommen. Das Gedicht »dieser herrliche Traum/

Trakl Traum« hätte mir schon damals einiges über meinen wahren Gemütszustand offenbaren können.

In Gedichten fand ich offenbar schon früh und immer wieder zurück zu den Wörtern an der Quelle, zu Wörtern, die frei sind, ungebunden, sich keinen Regeln fügen müssen, außer den selbst gestellten, vor allem den Regeln von Rhythmus und Klang, doch nicht irgendeinem von außen verordneten Zweck. Denn in Gedichten schaffen sich die Wörter eigene Welten nach eigenen Ge-Sätzen, Ge-sätztheiten; Bindungen ohne Ver-Bindungen, jede Bindung auch eine Ent-Bindung, eine Geburt. Ins Offene, in Silbe, Rhythmus, Klang. Jedes Gedicht hat seine Melodie, seinen Rhythmus – ist eine *stille trommel*. Ich schreibe mit den Ohren, hatte ich schon vor über fünfzig Jahren in meine Kladde notiert. Und dann machte ich die Entdeckung: Es geht auch umgekehrt!

Ich hatte den vierten Band der Tetralogie im November 2016 weitgehend abgeschlossen, als in »unserer« Buchhandlung, der Hamburger Buchhandlung Felix Jud, eine Gedenkfeier für den verstorbenen Leiter und Inhaber Wilfried Weber stattfand; ich las einige Gedichte. Wenig später erreichte mich ein Brief des Hamburger Generalmusikdirektors Kent Nagano, der auch an dieser Feier teilgenommen hatte: Ob ich mir vorstellen könne, neue, heutige Zwischentexte zur *Rosamunde*-Musik Franz Schuberts zu schreiben, einer Musik zu dem gleichnamigen Schauspiel von Helmina von

Chézy. Ich sagte zu. Obwohl ich wusste: Im Anfang war das Wort – so kommen Wort und Musik normalerweise zusammen. Nun hieß es, mit den Ohren eine Geschichte aus der Musik zu locken, als hätte es die Erzählung schon vorher gegeben. Ich hörte die Zwischenmusiken wieder und wieder. Versetzte mich in Schuberts Leben und seine Zeit. Und stand gleichzeitig unter dem Eindruck der dominierenden Nachrichten tagtäglicher Gegenwart, insbesondere der Flüchtlingszüge aus Syrien. Daher kann, wer will, allen Verfremdungen und Verkleidungen zum Trotz, in meinem Libretto »Es kommt ein Schiff gefahren« auch unsere Zeit und unsere Welt wiedererkennen. Denn jeder Dichter hat zwei Väter: David, den Rhetor, und Orpheus, den Sänger. Der soll den Ton angeben. Das Ziel der Dichtung ist Gesang, Wortmusik. Gedichte sind – auch – Partituren. Sie wollen laut gelesen werden. Im Anfang war der Klang. Das gesprochene Wort. Nicht die Schrift, der Text. Vielmehr Wort *und* Klang. Klangkörper.

Seit dieser Erfahrung mit Schuberts Musik erprobe ich es immer wieder: Gedichte können in Melodien verborgen sein, Gedichte, in denen sinnfreie Klänge ins Wort finden, sich binden in einen Reim aus Klang und Wort. Ins Gespräch kommen mit der Musik, in einen poetischen Dialog. Oft verlockt mich ein kurzes Klavierstück, dann suche ich zu vermitteln zwischen den beiden, den Klang ins Wort zu übersetzen, zu antworten. Ein Neues, Drittes zu schaffen. Zwei Beispiele habe ich für diesen Band ausgewählt.

Kurz nach unserer Uraufführung fragte mich Kent Nagano, ob ich Lust hätte, einen Text zu schreiben, für eine Kantate, ein Oratorium, es habe Zeit. Und ich brauchte Zeit, denn ich genoss meine kreative Freiheit.

Dann am 24. April 2018, 16.15 Uhr, notierte ich in mein Notiz-Tagebuch: »Heute morgen Konzert, Elbphil., Nagano, Bruckners 9. Mitunter den Tränen nahe. ... Bruckner: Urknallkantate.« So stand es da. »Urknall als Biss Adams in den Apfel, der von der Frau gepflückt wurde ... Die Schlange ist ein Physiker oder Quantenchemiker, jedenfalls ein Naturwissenschaftler.« So stand es da.

Wieso? Was sollte ich mit diesem seltsamen Wort anfangen? Das Wort überwältigte mich. Was hatte es mir zu sagen?

Mit dieser Eintragung, diesem Wort »Urknall« begann ein neuer Abschnitt in meinem Lern- und Arbeitsleben. Was steckte in diesem Wort, dem »Big Bang«, das der britische Astronom Fred Hoyle in einer Radiosendung 1949 geprägt hatte? In diesem »Urknall«? Bei Adam und Eva, der vertrauten Bibelgeschichte, mochte ich es nicht bewenden lassen, auch nicht bei einer neuen Interpretation der alten Bilder und Mythen. Allzu bewusst war mir: Die großen Umbrüche und neuen Erkenntnisse in Mathematik und Naturwissenschaften werden auch Religion, Philosophie und die Künste in ihren Fundamenten erschüttern. Ich las Bücher, Artikel, im Internet, schaute Videos. Astrophysik, Evolutionsbiologie. Ich wollte, ich musste begreifen: Was bedeuten diese wissenschaftlichen Umbrüche – für mich, für die Sprache, die Literatur, die Poesie.

Was folgte, war ein Schock. Das neue Wissen (ver-)führte mich zu einem neuen erweiterten Blick auf mich und unsere Welt. Schon immer fühlte sich der nachdenkliche oder religiöse Mensch klein unter dem Sternenzelt – doch nun sah ich durch die Teleskope einer Marssonde unsere ferne Erde und ihren treuen Mond wie ganz normale Gestirne unter vielen.

Im Mittelpunkt standen für mich nun nicht mehr die Fragen, die mich zu meinen autobiografischen Romanen veranlassten: Wer bin ich? Woher komme ich? Wie bin ich zu der geworden, die ich heute bin? Das Ich wurde zum Wir. Ich begriff mich immer mehr als Teil eines Ganzen, größer als alles, was ich mir bisher vorstellen konnte. Und begriff: Ich – das ist ein Teil und das Ganze zugleich.

Nun galt es, die Weltsicht der Naturwissenschaften zu verstehen: Woher kommen wir? Wer sind wir Menschen? Wozu sind wir jetzt, in diesem Augenblick der Evolution, auf diesem blauen Planeten? Was ist unsere Verantwortung?

Die naturwissenschaftliche Perspektive auf unsere

Welt war (und ist) mir fremd, denn fremd ist mir (und gewiss auch vielen anderen Laien) nicht nur ihre An-Sicht, ihr Wissen, sondern mehr noch ihre (Fach-)Sprache. Und ihren fremden Blick auf die Welt einzunehmen, war (und ist) mühsam. Doch können wir heute noch so schreiben, als hätten wir den Blick aus der Marssonde nie erfahren?

»Natur und Kunst, sie scheinen sich zu fliehen/...«, schrieb Goethe; Natur*wissenschaft* und Dichtung erst recht. Aber: »scheinen« sie sich nur zu fliehen? Also ließ ich nicht locker, als müsste ich das Abitur noch einmal bestehen. Den Mut gab mir Hölderlin: »Alles prüfe der Mensch ...«, heißt es in seiner Ode »Lebenslauf«. »Daß er, kräftig genährt, danken für Alles lern',/Und verstehe die Freiheit,/Aufzubrechen, wohin er will.«

Was gewann ich durch dieses neue Wissen? Gewinnen? Zunächst machte ich eine gegenteilige Erfahrung. Ähnlich der, die ich beim Schreiben meiner Romane gemacht hatte, als mir ein Freund prophezeite: Wo du etwas verlässt, verlierst du auch etwas, selbst wenn dir und sogar den Verlassenen das Neue zu gewinnen erstrebenswert erscheint. Er hatte Recht. Die Romane bezeugen diese Gleichzeitigkeit von Verlust und Gewinn, und diesmal zerfiel mit der vertieften naturwissenschaftlichen Lektüre mein schlichtes Gottesbild. Was mir jedoch das Wunder der Schöpfung keinesfalls in »Zahlen und Figuren« (Novalis) auflöste. Im Gegenteil.

Wie unglaublich ist, was die Wissenschaft uns als beglaubigt versichert! Und mit Zahlen, Formeln, Gesetzen ein Wunder nach dem anderen in eine nachprüfbare Wirklichkeit überführt (d.h. in das, was in meinen Augen die Wirklichkeit war). Ich kam, ich komme aus dem Augenreiben kaum noch heraus. Nichts mehr bleibt selbstverständlich.

Doch dann machte ich nach einer Weile beharrlichen Studiums eine überaus beglückende Erfahrung: Die naturwissenschaftlichen Erkenntnisse führten mich nicht zu einer Ent-Zauberung der Welt, sondern ins Gegenteil: zu einer nie zuvor so tief erlebten Ver-Zauberung der Wirklichkeit. Ja, mein neues Wissen lehrte mich einen staunenden, dankbaren, demütigen Blick auf die Schöpfung, ihre unzähligen Wunder.

Mein Staunen wuchs mit dem Wissen. Das Wunder bleibt, was es war: ein Rätsel für den Verstand. Nicht nur für mich. Nicht nur für den Dichter. Auch für den Wissenschaftler. Beide versuchen wir, jeder auf seine Art, die großen Rätsel des Lebens zu verstehen. Denn jede neue Erkenntnis schafft neue Rätsel. Ist das nicht ein wunderbares Geschenk an die Menschheit? Den menschlichen Geist? Oder, weniger emphatisch, eine nicht endende Folge von Fragen, das Glück einer offenen Welt. Eine Aufgabe, die uns nie zur Ruhe kommen lässt. Ein ständiger Beginn, der verhindert, dass die Menschheit in eine Art Rentnerstatus verfällt und nur noch mit mentalem Rollenkoffer auf geistige Kreuz- und Querfahrten geht. Das Denken der Menschheit bleibt im Unruhestand. Bleibt in der Lust am Neuen, Unerwarteten. Und so wird auch das Staunen des Dichters kein Ende finden.

»Das Schönste, was wir erleben können, ist das Geheimnisvolle. Es ist das Grundgefühl, das an der Wiege von wahrer Wissenschaft und Kunst steht. Wer es nicht kennt und sich nicht mehr wundern, nicht mehr staunen kann, der ist sozusagen tot und sein Auge ist erloschen.« (Albert Einstein) Dichter und Wissenschaftler bleiben dem Wunderbaren, dem Rätselhaften, dem Un-gewissen und Ungewussten verhaftet. Jede neue Gewissheit (ver-)führt zur nächsten Ungewissheit. Beide, Dichter und Naturwissenschaftler, werden gleichermaßen inspiriert durch das, »was ist«, wie durch das, »was (noch) nicht« erfasst ist.

Je mehr ich von diesen naturwissenschaftlichen Erkenntnissen zu begreifen begann, je besser ich diese Sprache zu entschlüsseln glaubte, desto gründlicher verschlug mir ihre Sprache die meine. Behielt C. P. Snow mit seiner »Two cultures«-These von der unüberbrückbaren Kluft zwischen Natur- und Geisteswissenschaften und den Künsten recht? Oder ist nicht vielmehr Aldous Huxley zuzustimmen, der Dichter möge versuchen, mit den Fakten der Naturwissenschaften der Dichtung ein neues »Rohmaterial«, wie er es ausdrückt, hinzuzufügen? Das, so scheint mir, ist unsere Aufgabe: Mit neuer Sprache und neuen Bildern auch die scheinbar so nackten naturwissenschaftlichen Erkenntnisse zu kleiden und zu »verzaubern«.

Sprachlos tastete ich mich durch eine zunehmend rätselhafte Welt, süchtig nach Wahrheit, die ich hinter den Formeln wähnte. Würde ich mir darauf einen Reim machen können? Eine, meine Sprache finden? Würde ich die naturwissenschaftlichen Fragen und Antworten, ihre Gesetze über-setzen können in eine poetische Sprache, die sich nicht in Verrätselungen retten würde, sondern poetische Klarheit in Schönheit schaffen könnte?

Kann man, würde ich dafür eine Sprache finden? Könnte es auch eine Evolution der Sprache aus der Zeit eines naturwissenschaftlich noch »naiven« Blicks in diese Gegenwart der komplexen neuen Weltsicht geben? Könnte es gelingen, Naturwissenschaft und Poesie zusammenzubringen? Zu verschmelzen? Oder: aufeinanderprallen ➔ ur-knallen zu lassen?

Könnte man, könnte ich Worte finden, »den Begriffen durch die Einbildungskraft Leben zu geben«, »dem Verstande spielend Nahrung zu verschaffen« (Immanuel Kant)? Was Martin Heidegger für Philosophen und Dichter formulierte, trifft erst recht für Naturwissenschaftler und Dichter zu: »Zwischen beiden ... besteht eine Kluft, denn sie wohnen auf getrenntesten Bergen«. Der Naturwissenschaftler, wusste schon Novalis, zielt mit »Zahlen und Figuren« nach der Rätsel Lösung; der Dichter, so sein Kollege Joseph von Eichendorff mit dem »Zauberwort«. Wer kann heute dieses »Zauberwort« für unser wissenschaftlich-technisches Zeitalter finden, durch das »die Welt fängt an zu singen«? Ernesto Cardenal hat mit seinen *Cántico cósmico* (1989), dt. *Gesänge des Universums* (1992) dazu einen großangelegten Versuch unternommen.

Durch unsere Körper sausen noch immer Teilchen vom Urknall. Vom Sternenstaub stammen wir. Was treibt dann unsere Sehnsucht nach einem Paradies, dem wir doch offenbar gar nicht entstammen können? Wird die Menschheit langsam erwachsen, wenn sich der beruhigende selige Kinderglaube verflüchtigt? Erkennen wir, wie wir dastehen: arm, hilfsbedürftig und auf uns selbst gestellt?

Verstehen wir, was gerade beginnt oder auch schon in vollem Gang ist? Nicht nur der Klimawandel und die Umbrüche der neuen Medien verlangen von uns Einsichten und Handeln, wie es bisher von einer bedrohten Menschheit noch nie gefordert wurde. Nur ein Bündnis mit der Wissenschaft kann uns retten. Einer Wissenschaft, die bis ins Herz dringen muss. Wird dabei Dichtung nur Mahnung sein, oder kann Poesie auch Wege öffnen?

Wir sind aufgewacht wie aus einem Traum, dem Traum von der »Krone der Schöpfung«, und nun folgt eine Kränkung dieser »Selbst-Herrlichkeit« nach der anderen. Mit der fraglosen Zuversicht, dieser nahezu luxuriösen Sorglosigkeit, mit der wir genossen und genutzt haben, was uns anvertraut ist, wird es ein Ende haben. Die biblische Losung: »Machet euch die Erde untertan!« kann so uneingeschränkt nicht mehr gelten. Geboten ist vielmehr: Seid der Erde Untertan.

Haben wir erkannt: Nicht die Krone der Schöpfung sind wir, sondern ein Teil von ihr auf einer Stufe der Evolution. Bedeutet, dass wir darüber diskutieren können, schon, dass wir es begriffen haben? Dass es uns ergriffen hat: Nur, was mich ergreift, kann ich begreifen. Dieses Begreifen herauszufordern, das kann, das sollte Aufgabe der Kunst sein, das sollte die Sache sein, für die die Kunst, die Dichtung heute brennt.

Dass wir unseren Planeten, unsere Heimat, Tag für Tag ausbeuten und verletzen, das sagt uns täglich die Wissenschaft. Aber diese Erkenntnisse müssen wir fühlbar, sichtbar, hörbar machen, auch mit der Sprache meiner Profession, der Dichtung. Kann Dichtung das Unvorstellbare der mathematischen und naturwissenschaftlichen Formelsprache vorstellbar machen? Aufrütteln: mich selbst und meine Leserinnen und Leser? Unserer Wörtersprache ein neues »Rohmaterial« erschließen? Schließlich war es ausgerechnet Bruckners unvollendete! 9. Sinfonie, die mir diese hochzeitliche

Verbindung der beiden Sphären, dieses Wort »Urknallkantate« in die Ohren geschmettert hat!

    Viele Fragen, ja. In den Gedichten suche ich, versuche ich Antworten. Vor allem aber möchte ich Lust machen, Neugier wecken auf diesen neuen Blick.

    Die Welt hört nicht auf zu beginnen.

November 2020

Anhang

Anmerkungen

190 S. 16: Dieses Gedicht ist eine Verneigung vor der Hamburger Lehrerin Gretel Höfer, stellvertretend für die vielen unbekannten Kämpferinnen und Kämpfer gegen den Nationalsozialismus.

S. 49: Die beiden letzten Zeilen sind ein Zitat aus Friedrich Hölderlins Hymne »Der Rhein«.

S. 84 f.: Ezra Pound spielt eine wichtige Rolle im dritten Teil der autobiografisch geprägten Tetralogie um Hilla Palm, *Spiel der Zeit* (2014). Das Gedicht bezieht sich auf seine Inhaftierung durch die Alliierten im Frühjahr 1945. Wegen Kollaboration mit Mussolini wurde er bis zu seinem Abtransport in die USA in Pisa in einem Käfig unter freiem Himmel gefangen gehalten.

S. 151: Gloria Dei: eine weltberühmte Rosensorte; in den USA auf »Peace«, in Italien auf »Gioia« getauft; 1976 zur »Weltrose« gekürt.

S. 155: Flower of Kent: angeblich die Marke des Apfels auf Isaac Newtons Kopf.

S. 170: Geschrieben 1973 auf die Rückseite eines Flugblattes gegen »Miethaie«.

Die Autorin und ihr Werk

Ulla Hahn wuchs in Monheim am Rhein auf. Sie studierte Germanistik, Geschichte und Soziologie an den Universitäten Köln und Hamburg und schloss ihr Studium mit einer Promotion ab. Zunächst arbeitete Ulla Hahn als Lehrbeauftragte an den Universitäten Hamburg, Bremen und Oldenburg, anschließend von 1979 bis 1989 als Literaturredakteurin bei Radio Bremen. Sie lebt heute als freie Schriftstellerin in Hamburg.

1981 debütierte sie mit dem Gedichtband *Herz über Kopf* und veröffentlicht seither Lyrik, Prosa, Artikel und Essays; zudem gibt sie Gedichtanthologien heraus.

Die nachfolgende Übersicht versammelt Ulla Hahns literarische Veröffentlichungen sowie eine Auswahl ihrer publizistischen Arbeiten und Herausgebertätigkeiten.

Veröffentlichungen:

 Lyrik

1981 *Herz über Kopf*. Stuttgart: DVA.
1983 *Spielende*. Stuttgart: DVA.
1985 *Freudenfeuer*. Stuttgart: DVA.
1988 *Unerhörte Nähe*. Stuttgart: DVA.
1993 *Liebesgedichte*. Stuttgart: DVA.
1993 *Klima für Engel*. München: dtv. (Gedichtauswahl, von der Autorin getroffen)
1995 *Epikurs Garten*. Stuttgart: DVA.

1996 *schloss umschlungen.* Ehrenpreis der Literarischen Gesellschaft zur 800-Jahr-Feier von Heidelberg. Hauzenberg: Edition Toni Pongratz.
1997 *Galileo und zwei Frauen.* Stuttgart: DVA.
2001 *Meine Sehnsucht hat wieder einen Namen. Die schönsten Liebesgedichte von Ulla Hahn.* Rheda-Wiedenbrück: RM Buch-und-Medien-Vertrieb. (Auswahl von Autorin)
2003 *Süßapfel rot.* Stuttgart: Reclam. (Gedichtauswahl, von der Autorin getroffen)
2004 *So offen die Welt.* München: DVA.
2011 *Wiederworte.* München: DVA.
2013 *Frucht in der Farbe der Luft. Lyrik aus der Offizin S. Meran.* (Auswahl von Autorin)
2013 *Gesammelte Gedichte.* München: DVA.
2018 *Es kommt ein Schiff gefahren.* Neue Texte zu Franz Schuberts Schauspielmusik *Rosamunde* D797. Auftragswerk des Philharmonischen Staatsorchesters unter der Leitung von Kent Nagano. Premiere 4. Februar 2018.
2019 *Bildlich gesprochen.* München: Penguin. (Gedichtauswahl, von der Autorin getroffen)
2019 *»... und der Himmel da droben ...«.* Ein poetisch-musikalischer Dialog mit Franz Schubert und Kit Armstrong. Hauzenberg: Edition Toni Pongratz.

Prosa

Erzählungen

- 2006 *Liebesarten*. München: DVA.
- 2009 *Alsterlust*. Hamburg: Jud.
- 2018 *Liebesarten und andere Geschichten vom Leben*. München: Penguin.

Romane

- 1991 *Ein Mann im Haus*. Stuttgart: DVA.
- 2001 *Das verborgene Wort*. München: DVA.
- 2003 *Unscharfe Bilder*. München: DVA.
- 2009 *Aufbruch*. München: DVA.
- 2014 *Spiel der Zeit*. München: DVA.
- 2017 *Wir werden erwartet*. München: DVA.

Essayistisches (Auswahl):

- 2006 *Dichter in der Welt. Mein Schreiben und Lesen*. München: DVA.
- 2021 *»… wie die Steine am Rhein«. Über Geborgenheit, Heimat und Sprache*. Hrsg. Gabriele Ewenz. (Schriftenreihe des Literatur-in-Köln Archiv/Heinrich-Böll-Archiv: lik). Köln.

Herausgeberschaften (Auswahl):

1980 *Aufsätze, Reportagen, Reden, Interviews von Stephan Hermlin.* München, Wien: Hanser.
1983 *Gertrud Kolmar. Gedichte.* Auswahl und Nachwort von Ulla Hahn. Frankfurt a. M.: Suhrkamp.
1995 *Stechäpfel: Gedichte von Frauen aus drei Jahrtausenden.* Stuttgart: Reclam.
1999 *Gedichte fürs Gedächtnis. Zum Inwendig-Lernen und Auswendig-Sagen.* Ausgewählt und kommentiert von Ulla Hahn. Mit einem Nachwort von Klaus von Dohnanyi. Stuttgart: DVA.
2003 *Stimmen im Kanon: deutsche Gedichte.* Auswahl und Nachwort von Ulla Hahn. Stuttgart: Reclam.
2008 *Stechäpfel: Gedichte von Frauen aus drei Jahrtausenden.* Erweiterte Neuausgabe. Stuttgart: Reclam.
2011 *John Donne. Liebesgedichte.* Stuttgart: Reclam.
2011 *Johann Wolfgang Goethe. Liebesgedichte I.* Stuttgart: Reclam.
2011 *Johann Wolfgang Goethe. Liebesgedichte II.* Stuttgart: Reclam.
2011 *Heinrich Heine. Liebesgedichte.* Stuttgart: Reclam.

Auszeichnungen (Auswahl):

1981 Leonce-und-Lena-Preis
1982 Villa-Massimo-Stipendium, Rom
1985 Friedrich-Hölderlin-Preis der Stadt Bad Homburg
1985 Literatur-Stipendium der Märkischen Kulturkonferenz
1986 Roswitha-Preis der Stadt Bad Gandersheim
1987/1988
     Stadtschreiberin Bergen-Enkheim
1990 Bundesverdienstkreuz am Bande
1994 Heidelberger Poetik-Dozentur
1994 Cicero-Rednerpreis
2002 Deutscher Bücherpreis
2006 Elisabeth-Langgässer-Literaturpreis
2006 Hertha-Koenig-Literaturpreis
2010 Ida-Dehmel-Literaturpreis der GEDOK
2010 Verdienstorden des Landes Nordrhein-Westfalen
2011 Ehrendoktorwürde der Heidelberger Neuphilologischen Fakultät
2013 Ehrenmitgliedschaft der Else-Lasker-Schüler-Gesellschaft
2015 Ehrenring der Stadt Monheim am Rhein
2018 Hannelore-Greve-Literaturpreis
2019 Humboldt-Professur der Universität Ulm

Verzeichnis der Gedichte

loslassen den stift   13
Endlich offen gestanden   14
Nichts reimt sich auf   15
Für G. H.   16
Ein Gedicht   17
Das Gedicht   18
Am Schreibtisch   19
Wenn ein Gedicht erwacht 20
Wachstumsstörung   21
Dein Vater sagt ihr   22
Eine kleine Frau   23
Titschen   25
Bis hück han isch misch   26
Wetter endlich still   27
Auf eine Leiter   28
Einfach daliegen   29
Einfach so   30
Einfach was schreiben   31
Aufmachen   32
Wer sagt denn   33
Ein Wort   34
Durchblick   35
Samarkand   36
Erntedank   37
Warum   38
Im Namen dessen was wir   39
Tja sowas   40

197

Zum Beispiel 41
Liederliche Sonette 42
Dieses Sonett tappt 43
Hab so manches 44
Sudoku 45
Franz Liszt Harmonies du soir – Études d'exécution transcendante 46
Camille Saint-Saëns, Bourrée op. 135, nur für linke Hand 47
Sprechakt 48
Geburt 49
Traum von 50
Poesie der Grammatik 51
Da liegt es 52
Die Fliege 53
Traum vom Reisen 54
Das rechte Wort 55
Lies die Stille 56
Komm in mein Eigen mein Schweigen 59
Blick 60
Wer wäscht das Blut weg? Das Blut 61
Warnung 62
Atemholen 63
Vertrauen 64
Ablauf 65
Diese Rose 66
Dahin 67

Nach dem Abschied 68 199
Dieser herrliche Traum 69
Entfernte Stimmen über 70
Wem das Stündlein schlägt 71
Wald 72
Manchmal kann ich es einfach 75
Geliebte 76
Nein ich will euch 77
Rat und Tat 78
Totlachen 79
Unheimlich ist 80
Es spüren 81
Kontostand 82
Älterwerden 83
Dichter im Käfig 84
Verletzt verlässt dich der Tag 86
Wenn das Netz der Fischer leer ist am Abend 87
Schmetterlingsschlag 88
Gehen Gehen Gehen 89
Das Jahr geht 90
Nur noch 91
Mitten in Babylon 92
Es-Dur 93
Spät abends im Garten 94
Gegenlicht 97
Sterne stehen über Deutschland 98
Ohne Gepäck 99

Reisen dahin wo 100
Der Mensch ist gut und Gott gott 101
Gewiss nicht 102
Im Dunkeln 103
Nachrichten von Vogelfüßen im Schnee 104
Berührung so 105
Schnell schneller 106
So sich einer im Netz verfangen 107
Jeder Tod 108
Es ist diese Hand 111
Kleine Unterkunft oder Fragen an G. 112
Zwei Seelen oder mehr 113
Weben 114
Veränderung 115
Morgens mittags 116
Was werden wird 117
Märzmorgen 118
Wanderlust 119
Pfauenauge 120
Sommer 121
Wörter im Sommer 122
Ende des Sommers 123
Grau war der Sommer 124
Das muss der Herbst sein Vogelwolken 125
Oktober 126
So schwer die Last 127
stiller schnee 128

Das ist der Winter Singt 129
Montauk 130
Nikolausabend 131
Stille Nacht 132
Winter ade 133
Gezeiten 134
Unser blauer Planet 137
Eine etwas andere Schöpfungsgeschichte 138
Drei Verrückte 139
dichte heiße punkte 140
Unser zarter Globus 142
Lesart 143
Zungen im All 144
Hart zu kauen 146
Heute Abend 147
Schnell 148
Ansichtssache 149
Schnell 150
Gloria Dei 151
Versöhnung 152
Geweckt vom Vogelsang 153
Beherzigung 154
Augapfels Rundgesang 155
Glückliches Leben 156
Rapport aus dem Weltraum 157
Gegen den Sturm 158
Morgenlied 159

Freundlich sein   160
Diese Freiheit   161
Zusammen Weiter Kommen   162
Die Erde rief   164
Freuen   165
Lobpreis   166
Schau genau hin   168
Du musst das Glück   169
Bitten an Abel   170
Ich danke dir   171

ULLA HAHN

ULLA HAHN
GESAMMELTE
GEDICHTE

Gesammelte
Gedichte

DVA

»Machen Sie meine Gedichte zu den Ihren!«

»Die Bewohnerin eines glücklichen Landes« nannte die FAZ die vielfach preisgekrönte Lyrikerin Ulla Hahn einst, weil »sie das Gewöhnliche meidet, das die Phantasie erstickt«. In dieses »glückliche Land« führt uns dieser Band, der ihre Gedichte aus den vergangenen vier Jahrzehnten versammelt.

»Ulla Hahn ist eine der erfolgreichsten deutschen Lyrikerinnen.« *Welt am Sonntag*

ULLA HAHN

Das verborgene Wort
Auch als E-Book erhältlich

Hilla Palm, ein Mädchen voller Neugierde, Phantasie und Lebenswille, wächst heran als Arbeiterkind in einer rheinisch-katholischen Familie auf dem Dorf. Doch im Deutschland der Fünfziger- und frühen Sechzigerjahre sucht das Mädchen seinen Weg in die Freiheit: die Freiheit des verborgenen Worts.

Aufbruch
Auch als E-Book erhältlich

Die junge Hilla Palm hat lange dafür gekämpft, ihr eigenes Leben zu führen. Nun bietet sich unverhofft die Chance auf eine neue Zukunft in Freiheit.

Ulla Hahns berühmte Romanreihe über ein Frauenschicksal im Wandel der Zeit

Spiel der Zeit

Auch als E-Book erhältlich

Hilla Palm zieht zum Studium nach Köln, und endlich eröffnet sich ihr eine neue Welt: Sie schließt Freundschaften, findet zurück zur Sprache und genießt die Freiheit der turbulenten 68er.

Wir werden erwartet

Auch als E-Book erhältlich

Deutschland, 1968. Hilla Palm hat nach langer Suchen endlich ihre Heimat gefunden: in der Literatur und bei Hugo, dem Mann, der Hilla mit all ihren bitteren Erfahrungen annimmt. Doch dann werden ihre Zukunftspläne vom Schicksal durchkreuzt.

Ein mitreißender Entwicklungsroman, ein unübertroffenes Sittengemälde der Fünfziger- und Sechzigerjahre, ein großes sprachphantastisches Epos